教育的勇气

COURAGE OF EDUCATION

张文质和青年教师的谈话

著 张文质

长江出版传媒

长江文艺出版社

图书在版编目（ＣＩＰ）数据

　教育的勇气：张文质和青年教师的谈话 ／ 张文质著
. -- 武汉 ：长江文艺出版社， 2018.5
　（大教育书系）
　ISBN 978-7-5354-8739-1

　Ⅰ. ①教… Ⅱ. ①张… Ⅲ. ①师资培训 Ⅳ.
①G451.2

　中国版本图书馆 CIP 数据核字(2018)第 006068 号

责任编辑：施柳柳　　　　　　　　责任校对：陈　琪
封面设计：漠里芽　　　　　　　　责任印制：邱　莉　　王光兴

出版：

地址：武汉市雄楚大街 268 号　　　邮编：430070
发行：长江文艺出版社
电话：027—87679360
http://www.cjlap.com
印刷：武汉中科兴业印务有限公司

开本：720 毫米×980 毫米　　　1/16　　印张：13.25　　插页：2 页
版次：2018 年 5 月第 1 版　　　　2018 年 5 月第 1 次印刷
字数：151 千字

定价：39.80 元

自　序
于慈悲、柔软中重获教育的勇气

　　2010年我在"1+1"教育网上建立了公益性教师读写研修项目"优培写作计划"，前后4年时间共有5期150位教师参与其中。2017年"优培"群体又在微信上复出，我连续为大家讲了60天的课，每次课时长多为十分钟左右。现在辑录在本书中的就是这次讲课的记录。这些文字与我之前的写作颇为不同，它保留了某些谈访、聊天的形态，显得有些"唠叨"而又"语浅意长"，更重要的是，从我自己的精神状态而言，我自觉已逐渐步入人生的晚境，因此话题多涉于从今天"往前看"而得到的生命的颖悟，我无意于对他人的教诲，更多做的是对自己"成人""成事"的再理解。我和青年的朋友分享这些常识、常语，它多多少少可算是一些"晚词"——人到了什么年龄，看世界用的词汇也与之前不完全相同了。我以为"心软"也可以改变教育。

　　这几年我的讲座都有一个主题——教师的专业成长与生命成长。这个主题是我反复讲的。当然，每一次讲时可能针对的重点有所不同，但我在思考教师的职业生涯与专业成长的时候，总是会把教师的生命成长放在一个更重要的位置来考量。

　　其实，教师作为一种职业角色来说，他面临着多重挑战。就职业要求来说，本身就是一件极其困难的事情，他要应对的这个挑战是非常复杂、琐碎、长期的，有时各种任务的不断添加，甚至到了变本加厉的病态程度。我相信，只要在中小学任教过，对这一点都会有很深的感触。对一个教师来说，他是从自己的家庭、自己的父母、自己的童年所构成的土壤里成长起来的，每一个人身上有很多的问题是纠缠在一起的，很难得到很好的解决。当我们遇到职场的各种挑战的时候，童年的麻烦也纠缠在其中。也就是说，我们有时候所感到的沮丧、愤怒，或者恐惧，不仅仅是来自于职场固有的麻烦，这些麻烦同时也是和从童年带来的各种复杂的因素纠缠不休，或者说是相互地推波助澜。作为一个教师，他同时是自己孩子的父母，对孩子成长的各种压力与焦虑，作为第三方的因素加入到职业的困境中去，这三者之间又形成巨大的重压。当我们谈一个人的专业成长时，如果不把这些元素都放置在一块儿来考量的话，你要单独地谈专业成长，是很难谈清楚的。

可以这么说，这本书就是分开谈，试图谈得更清楚一点的书。所关涉的问题想必大家都会有所共鸣，那不妨由此升华出你们自己对生命成长的各种思考吧。

我讲这些课时，不时想到帕克·帕尔默先生的《教学勇气》一书，我们们中国的教师更需重整自己的心灵，理解我们所不能理解的，承受我们难以承受的，从失望看到希望，从无助的处境自我寻找援助，这些都是教育人生的重大议题。

感谢我的朋友周小珍、刘艳春对文稿的记录与整理，这是一件需要耐心与理解力的工作。感谢长江文艺出版社尹志勇社长对我热情的邀约，施柳柳责编细致的工作，每一本书都有自己丰富的生命气息。

张文质

2017 年 7 月

目　录

教育启示：教学现场的观察与领悟

突围或改变：教育困境中的思与行

年轮的回声：

一个教育思考者的生命叙事

从本性而言，倦怠、退缩、无所用心都是常态，一个人要跃动、朝着明亮的自己并不是一件轻易就能做到的事。人之处境妙趣即在于，人必须是不止息的学习者。

我生命中的重要他人——傻叔叔

我经常说，人生命中有很多特质，很多元素，一种是生出来的，一种是长出来的。我的叔叔，我生下来的时候就知道，我有这么一个傻叔叔。

他可以称得上是我生命中最重要的他人。

一　叔叔带给我的生命认知

傻叔叔这个"傻"，可不是我们亲昵地说"你这个傻小子""你这个傻孩子""你这个傻瓜"的傻，我叔叔是真的傻。其实我很小的时候就知道，我叔叔是一个傻子。我现在真的记不起来我是几岁的时候知道的，总而言之，非常小。据我的一个婶婆说，我小的时候最常抱我的，就是我的叔叔。因为我爸爸妈妈都在做工，非常忙，经常把我抱来抱去的就是我的这个叔叔。在《奶蜜盐》里面我谈到过跟亲人、父母之间的肌肤之亲，对孩子而言是非常重要的。实际上我跟我叔叔的肌肤之亲是在我非常小的时候就建立起来的。这种情感，其实也是一种天然的情感，是最为自然而然的。我叔叔对我的爱，对我的深厚的情感，也是非常真挚的。

说实在的，我童年的记忆，开始得比较晚，有特别确切的记忆应该是五六岁以后。但是，另外一种记忆，就是隐隐约约的记忆里，我很早就知道叔叔的智力状况了，知道什么叫作傻子，什么叫作智力方面的局限，什么叫不可改变。当我后来思考教育的时候，我同时一直在思考对生命中不可改变的一切的这种尊重、理解、接纳、敬畏。

记得几年前，我到湖南长沙特殊教育学校给湖南全省的特殊教育学校的校长讲课，我特别谈到，实际上我们在进行特殊教育的时候，首先会把他们看成是特殊的人。其实更重要的是，我们要把他看成是一个人，是一个正常的人。所谓正常的人，也就是说他具备了人所有的一切。他可能只是智力、身体能力、肢体的完整等方面有跟我们不一样的地方。有的是有些缺陷，有些不足，有的是有一些弱点。对我而言，这些认知并不是谁教育的结果，而是生命中自然就形成的——我很小的时候，就知道叔叔是一个傻子。

这种自然的教育，它还有一种牵引、转化的功能，这种牵引、转化的功能就使得我思考教育，或者说在生活中与各种各样的人相处，到学校里去听课，看到各种各样的学生，都能更深入地理解他们——我还有什么不能理解的呢？我当然是都可以理解了，因为某种意义上说，我叔叔是一个范本。

二　无声的亲情

叔叔的这样一种生命的状态，对我的影响是最为直接的，让我建立了一个自然而然的理解系统。这个理解系统不需要有任何人告诉你，傻子是什么样子的，智力上有些不足的人有什么样的生命特征。

同时，在必须承认这个事实的基础上，你怎么去看待他？这其实是我们家特别重要的一种共识：我叔叔就是这个样子，需要改变的是我的家人。我在很小的时候，确实是有两个方面的压力：一个我是老大，记得我两三岁时，我奶奶我妈妈就开始跟我说："你是老大，你要给妹妹做榜样。"同时，她们告诉我，以后你对叔叔是要怀有责任的，叔叔要靠你养的。他生活的保障，包括在乡村里生活的很多的问题，需要你承担起责任。有时候责任能帮助人更好地成长，从很小的时候就开始有这种责任感。你对弟弟妹妹有这种责任，然后对叔叔也有责任。最直接地说，实际上是把某一种责任具体化了。

小时候，我和叔叔的接触特别得多。比如说，他去拾柴火，我会跟他去；到田里干活，我也跟他去。我叔叔到山里面去砍柴，那个山很远，我假期在家，奶奶总会叫我："文质，你去给叔叔送点心去。"吃过午饭我就要去送点心，这确实是一件挺艰难的事情，因为要走上两三个小时，一直往山里走，走到三四点，甚至更迟，才会遇到叔叔。我叫他，福州话叫"依家"，这个"依家"跟很多地方叫爸爸是一个意思。一起砍柴的人觉得很奇怪，这么傻的一个人，怎么有一个孩子叫他"依家"？就问他："哎，这个是你的孩子吗？"然后我叔叔就会很生气地不应他们。这是我童年印象比较深的事情。在回来的路上，我帮他扛一些柴火，挺重的。所以我童年的印象里，感到最漫长的事情就是走最远的路，给我叔叔送点心，然后一起往家走。说实在的，去送点心的时候，我心里是恐慌的，因为我也不知道走多久才能碰上他。回来的时候，虽然扛着木柴，但心里还是愉悦的。啊，终于见到叔叔了，终于把点心给他了。

其实，我对叔叔充满了敬意，他挑很重的柴火，为家里挑水、挑粪，菜园子基本上都是他浇的。我也经常跟他一起干活，这种亲情在劳动里面，在给他送点心的过程里，我有一种非常深的亲密的体验。这种亲密的体验，其实比很多道理，比很多的教育都重要得多，都更刻骨铭心。我现在想，其实我跟叔叔之间建立的这样的一种感情，甚至超越了叔侄之间的感情。

三　那些相处的细节

　　傻人他总有一种理解世界的很简单的方式。比如说，叔叔站在那里的样子就显得很傻气，有的人就对他不待见，比较亲近的人会招呼他坐，他一般也不会坐，就站在那边，傻傻地站着。当然，有一些年轻人也会欺负他。有时候，我对叔叔的这种处境会比较敏感。也就是说，对别人对待他的态度，会比较敏感。对我而言，后来就从这里面产生了一种对弱者的态度，就是当我看到有一些人对弱者的态度之后，我会有一种非常强烈的愤怒。这种强烈的愤怒，其实是跟我叔叔有关系的，跟我叔叔在这种乡间的处境有关系。他是一个弱者，他是一个没办法用复杂的人际关系理解这个世界的人。而且也知道：我就是一个傻瓜嘛，你要我做什么，有时候我就是做不了。还有一点，有时候他生气，动怒，其实并不是因为谁刺激了他，而是有周期性的。就是他需要宣泄，宣泄的方式呢，常常是离家出走，好几天，饿得精疲力竭了，他才肯回来。我妈妈说，实际上他年轻的时候这种情绪的状态更为激烈一些，更为荒唐一些。我家人都是蛮有耐心地跟他讲道理，他也还是愿意听的。有一些地方他也能够有所改进。

　　我跟我叔叔的关系特别亲近，所以，到了后来，如果有一些事情比较难以处理，比如说，他离家出走了，不知道他跑到哪里去了；即使你看到他叫他回来，他还是坚决不回的。我奶奶我妈妈都会叫我去："你去把你叔叔叫回来。"所以，我在很小的时候，就学会了跟他讲道理，学会了用一种我叔叔能够接受的，或者更愿意接受的那种方式，跟他讲道理。但是有时候，怎么说呢？可能因为那是我最亲的叔叔的缘故吧，我的心肠就特别柔弱。跟他讲道理的时候，我会哭，会流眼泪，然后叔叔看到我这个样子就跟我一起回家了。他刚回来时总是显得有一点羞涩，然后就变得很勤快。他心里也有某种亏欠感。这一切构成了一种对我的自然的教育——人际之间很多的那种微妙的交流，微妙的互动方式，是慢慢地琢磨，慢慢地建立，慢慢地完善，慢慢地明确的。像和我叔叔交流，他就是这么一个状态，你一点都不能勉强他，一点都不能强迫他，你也不能想当然地说："你看我都跟你讲过道理了嘛，你怎么还不听？"你要想让他听从你的道理，你首先要特别和善，要尊重他；另一方面呢，你又需要用一种他能接受的方式来跟他交流。

当然，光是这一点还不够，他如果是在情绪特别激烈的时候，你所有的准备，可能都是不够的，都是很难见效的，而且有时候他情绪发作，你真的不知道是怎么回事。或者是有时候他做出一些奇怪的事情，你也不清楚为什么他会这样。比如说，有一年，那时候我应该十几岁了吧，他突然失踪了。全村的人都找不到他，很恐慌。我们家边上的闽江正在发洪水，我们想，叔叔会不会出事了？然后大家就到江边去找，找不到。我的一个堂哥突然说："哎，他会不会去姑姑家了呢？"大家觉得，这不太可能，他怎么会不声不响地去姑姑家呢？但是我堂哥他们真的到隔壁村的姑姑家去找。结果没想到，一到我姑姑家，就看见我叔叔站在那里。

后来他回来了。回来了，你还不能生他的气，你要生气的话，他又会出走的，所以你还要和颜悦色，不能急着了解他为什么要突然去姑姑家。过了几天以后，跟他闲聊的时候，问他为什么要这么做。他就说，突然想姑姑家养的鸡到底有多大了，他想去看一看。

四　潜移默化的教育

我们有时候对他，对他的生命安全，对维护他的尊严，包括对周围的人对他的态度，真的是有某种紧张感，害怕他受人伤害。比如说，有一次正好是龙眼成熟的时候，他到人家树上去拾柴火，人家以为他偷龙眼，看龙眼的人发现了，冲过来就打他。打了几拳以后发现不对，他一直傻傻地站在那里——哎呦，是一个傻瓜，就不忍心打下去了。这类的事也不时发生。

还有一件事情，对我来说是比较严重的。那个时候，我已经读初中了，有一天，在我们家边上的晒谷场上，有一个堂哥嘲笑我叔叔："像你这么傻的人，要不是这么傻的话，早就死掉了。"这是一句很重的话，那个堂哥已经是一个成年人了，我还是一个初中生，很瘦小的一个孩子，听了以后非常生气，然后就骂他。而我堂哥恃强凌弱，对着我的脸甩了一巴掌，我的脸立刻肿了，之后还耳鸣了好几天。我的妈妈、奶奶知道后，冲到他家里去大吵一架，事情变得很严重。

说实在的，对我而言，其实更重要的不是他打我了，而是他对我叔叔说出这么恶毒的话。我始终没有原谅他，也没有再跟他说过话，至今仍然是这样。

其实我有一种很强烈的保护我叔叔的自觉。所以有时候想，如果我身上有某些正义感，首先是来自于很自然的一种生活的教育。我对弱者的同情，对不幸者的由衷的一种情感的支持，还有对身处某种困难或者险境中的人，很自然地想假以援手的意识，都跟我这样的家庭、我的叔叔有很大的关系。

那个时候，我们的家境确实也很贫寒，叔叔饭量又特别大，我们家的粮食总是不够吃，他一个人会吃我们三个人的量。所以有时候我的奶奶也会对他有一些怨言："你怎么吃那么多啊！"吃这么多，是他的一种能力，但是对贫困的家庭来说，更多的是一种压力。所以我们家很长时间，粮食总是不够吃。等到后来，家境才慢慢好了。

五　善的范本教育

在这样的情况下，我觉得家人，尤其像我妈妈，对我叔叔却是特别好的。她对待我叔叔的方式，也给我树立了非常重要的榜样。她善待他，细致地关心他，然后耐心地跟他讲道理，生活起居方面也是细心照顾。即使在那个贫困的年代，我的叔叔还是活得比较体面，面容安详，衣服也穿得很整洁。

我提到家庭教育，就特别强调范本意识。我母亲，给我们一家人树立了一个榜样。这个榜样，就是有时候不要讲太多的道理，她就是这样对待叔叔的。你可以看得到，可以感受得到。当然我、我弟弟妹妹，都很自觉地有一个意识，就是要照顾叔叔、善待叔叔，尊重他、理解他。所以，其实生命中某一些不幸，或者一些困难，也都可能有一种好的转化。在我叔叔身上，这种转化就很自然，就是给我们一种善的教育，理解的教育，尊重的教育。

为什么对我而言，叔叔是我生命中最重要的他人？我觉得，我对人生的很多的理解，对善良的理解，首先是在这里自然而然地建立起来的。

遗憾的是，2001年，天气刚刚热的时候，叔叔在一个很浅的水塘里溺水身亡。那天我在泉州讲课，我爸爸给我打电话，说我叔叔失踪了，而且这次好像有点不太一样——他有一种不祥的预感。其实，我也有这种直觉，觉得叔叔可能遇到很大的不幸了。然后，我还是把课讲完，讲完以后又接到我爸爸电话，说叔叔已经找到了，已经去世了。命运就是如此啊！所以你要去接纳这种命运，有时候也要理解上苍，总是有它奇怪的安排。

其实，我也曾经去思考过，每个人都有每个人的归宿，每个人都有每个人的离开方式。但是，命运总是比你想的还要复杂，或者比你想的还要自然。我们有时候也只能接受这么一个结果。我在多种场合讲到过我的叔叔，其实，从我自己的角度来说，也是不断地去理解生命中这个重要的人对我的意义。一开始的时候，我可能不能那么清晰地知道，这个人是怎么影响我的，但是，当我回过头时就明白，有些影响就是这么自然而然地发生了。

我刚才还说到，生命里面有一些东西是生出来的，生出来的东西往往是最有命运感的。我说到我一出生就有这么一个叔叔在那里等着我，等着我与他相遇。实际上他是启迪了我的生命，他用很困难的方式让我的生命变得更为开阔，更为深刻。

当然，我所说的生出来的东西，可能还有另外一层含义：在母亲的子宫里，你很多的状态，是一次性得来的。但是从家庭影响的角度来说，你身上的很多东西也是一次性得到的。但是，我跟叔叔建立的这样一种关系，帮助我生命成长，这是属于长出来的。我觉得在这一点上，我的家庭，我的父母，我的奶奶，他们都用一种很自然、很坚定的方式，让我从小就意识到自己身上的一种责任。

我在儿童教育上特别地强调，对孩子的教育，应该要温和又严格。温和当然指的是态度、方式方面；严格呢，就是原则性的立场，需要父母非常明确地传达的，不能轻易地改变。只有如此，才能慢慢见效。我们这个家庭里面，对叔叔的尊重、帮助、接纳、善待，是一种共识。其实它也变成了我们家庭教育的一个财富，也成了我跟我妹妹、弟弟共有的一种成长的背景。

苦难带给母亲和我的……

今天是母亲节，也说说我的母亲吧。我讲到过我的叔叔，其实对我一生有更重要影响的，肯定是我的母亲了。

我很小的时候，对我母亲的认知是身材瘦小，脸色不太好，肤色又比较黝黑。后来我发现，我母亲的眼神是有点忧郁的。我自己忧郁的眼神，可能也是从母亲那里传染过来的。童年的时候，我有一个跟我母亲关系很不好的伯母，她曾说，我的眼睛就像我的母亲。那时候，我还以为这是一种嘲讽，因为她跟我母亲在我很小的时候就干过一架，她们是仇敌，到了晚年，才有所和解。后来我知道，她说得很对，我的眼睛确实比较像我的母亲。应该说，我母亲的眼睛长得是比较漂亮的。我童年时代、少年时代，包括读大学的时候，目光都是很清澈的。

我母亲的童年过得是很痛苦的。她很少跟我讲自己的童年，我所知道的她童年的一些境遇，是后来听我妹妹说的。母亲很小就被当成童养媳卖掉了，6岁就开始放牛，不堪虐待。更悲惨的是，放牛的时候，牛受惊，狂奔不止，我母亲就从牛背上摔下来，摔得非常重，侥幸没死。而后，我母亲就逃回了自己的家，坚决不去了，家人怎么打骂，都不去。

其实我母亲并非生在贫寒、无助的家庭，她的爷爷是一个大地主，拥有很多土地。当然，1949年以后，他们就被划为地主成分了。按照以前的说法，叫成分不好。这个"成分不好"对我母亲的影响很大。她上学的时候，是被人赶回去的。他们觉得，地主的女儿，怎么也配来上学？所以我母亲一生是不识字的，这是她一生最大的痛苦。到了现在，她心里还充满了遗憾，偶尔还会提及。当然，我也不好接她这个话题，因为一接，都是很心酸的。

所以，我很小的时候，心里就有了一个意愿，就是要成为母亲的代读人，用我的眼睛替母亲去看这个世界，去读这个世界。

地主身份就像霍桑小说里的"红字"一样，挂在身上，是一种屈辱，是被压迫的标志。母亲的童年还有更要命的事。

我的外公是一个比较厉害的中医，后来也被体制收编入册了。他年轻的时候就得了非常严重的胃病，疼痛得厉害，在医院工作有便利，就打了杜冷丁来止痛。但是没想到，身体对杜冷丁上瘾了。从某种意义上说，我外公是一个有毒瘾的人，这使得他很多的收入都花在了打针上。打杜冷丁其实是非常困难的，也是终生难以治愈的。小时候，我外公经常来我家，父亲帮他张罗一点点杜冷丁。我小时候不明白，但看到了总感到奇怪的景象，就是外公到我家以后，一拿到针剂就打针。

我外公因为跟我外婆生的都是女儿（我妈妈是二女儿，我妈妈后面还有好几个妹妹），我外公后来又娶了我的小外婆，又生了好几个，加起来有十多个孩子吧。可以想象我母亲的童年是什么样的惨状。

有一次，我女儿在乡下家里玩游戏的时候，突然问了一句："奶奶，你童年的时候玩的玩具呢？"没想到，母亲听完，潸然泪下。可见，童年对她烙下的惨痛的记忆有多么的深刻。

从我童年起，我妈妈给我的印象就是一个特别坚韧、特别要强的人。我很小的时候，也常陪我妈妈去地里干活。我妈妈后来在粮食加工厂里做面条，我就经常到粮食加工厂去看报纸，其实也是因为放学后可以看到她。

在我很小的时候，妈妈就起早摸黑地忙碌，我的记忆里，她很少抱我。我还不到两岁，就没在她床上睡过觉了。当然，今天这种影响也是我后来慢慢认识到的。另一方面，我童年的时候，母亲的身体很不好。我在我妈妈肚子里的时候，她晚餐经常是不吃的，或者只吃一点点，这影响了我后来的整个身体发育。我也曾经问过我妈，这些会不会在智力上对我有一些影响？智力上的影响是没办法考证的，但身高的影响是显而易见的。

妈妈身体不好，主要是胃病。实际上，胃病跟劳累、饮食、饥饿是直接相关的，所以我经常听到她痛苦的呻吟。我跟我妈住不同的房间，隔了两间，但我童年很深的印象就是，晚上睡觉时经常会听到我妈妈痛苦的呻吟声。这其实不是自己真的听到，而是心里一直有这么一种反复的幻觉。所以，妈妈这种痛苦的疼痛感，是我童年成长时非常重要的记忆。

一个人的成长，如果有一种精神的转化的话，是再好不过的事情。所谓的精神转化，就是把某种痛苦转化成力量，把某种糟糕的生活转化成一种成长的责任，把某种自己生命的成长转化为自己的自我期许。在这点上，也许我某种程度上也做到了吧。虽然在乡村看不到前景，但我总觉得，我对我母亲、对我叔叔以及对我的整个家庭是怀有责任的。我上大学之后，有一个更明确的信念，就是希望我妈妈不要再干农活了，不要在太阳底下晒一整天了，希望我妈妈能够吃上白米饭，能够睡上安稳觉，能够衣食无忧……其实，对一个乡村的孩子来说，这已经是他伟大的梦想了。

我的父亲， 我的教育观

我妹妹这两年都搬回了乡下，与我父母一起住。昨天晚上，妹妹给我打电话，说家里有一件事要跟我汇报一下。

前几天，她发现我妈妈身体不是太好，精神有点萎靡不振，就问我妈妈。我妈妈说，胃不舒服。我妹妹就开了一些胃药给她吃。但是发现妈妈精神头还是严重不足，就询问她到底是怎么回事？后来我妈告诉我妹妹，说我们家里有一块地，地不大，就几分，前阵子发现被一个亲戚给围起来了。她就赶忙找这个亲戚的弟弟，说，不能围，这是我们家的地。后来，这个亲戚就不围了。而后，我妈跟我爸就赶忙把地给围起来。没想到，这个亲戚居然向镇里城管报了案，说有人违建。结果，城管也来看了。城管一看，就说："你们这个村真奇怪，像这样的把自己的地围一下，怎么叫违建呢？"

但是，这件事情还是让老两口心里颇为不安。因为那个亲戚从小就是一个坏崽，为非作歹，又心狠手辣。两位老人很担心这件事会对我们家不利，所以跟我妹说了这事，但还是交代，先不要把这事告诉我和我弟弟。

说实在的，没在乡下生活过的人，很难理解乡下邻里之间这种复杂的关系，也不能理解这种邻居是怎么以强凌弱，怎么靠拳头欺压亲戚和其他人的。所以，这件事情，也让我回想了一下我的父母，特别是想到了我的父亲。

我这些年研究教育，确实像有些朋友说的那样，它是往生命里走的。我是更多地去思考：人为什么会长成这样，人为什么成为这样的自己。研究人的复杂性，研究人的生命对于一个人的专属性。

我很小的时候，觉得我父亲是个很强大的人，不知道是不是因为我经常被我父亲打？但我父亲确实属于身强力壮的人，他干的是体力活，在粮食副食品厂上班，从小学做面条（我们家乡特殊的面条，叫线面），有非常高超的手艺。当然，要有很强壮的身体才能挣得了这口饭。我第一次感觉到我父亲的脆弱，是在我上大学的时候。

我考大学，分数也过了重点线，但我父亲要我在福州读大学，理由就是离家近，能够照顾得到我。我从来没有离开过故乡，他对我不放心。我也听从了他对我的要求，但是报志愿的时候，因为可报的志愿不多，结果把华东师大报了最后一个重点志愿。没想到，最后我被华东师大录取了。拿到通知书的那一天，我父亲几乎是惊恐万状。他说：完了完了，这下全完了。

那天中午，他跟我妈妈都没吃饭，简直要哭了。我突然感觉到，我父亲是一个……怎么说呢？软弱？恐惧？或者说是胆小？总之差不多是这些字眼吧。他对我独自离家去上海读书非常害怕，非常恐惧，非常不安。一方面，他不安中确实包含着对我的关怀；另一方面，有一些关怀，确实是源于他自己内心所想的，就是他关怀的方向是跟他内心的思维内容是一致的。比如说，你感到恐惧，你关怀的方向是在恐惧这方面；你对孩子的成长有强烈的期待，你关怀的是在期待这方面。也就是说，所有爱的背后，都和施爱者心中的期许是相一致的。

或许，我上大学时候的不安与恐惧，是跟父母这种强烈的态度相关的。我记得，我上大学的时候，在车站也碰到了同样是去华东师大读书的一些跟我同龄的学生，他们都是兴高采烈的，唯有我们一家人是诚惶诚恐的。这种心情，导致我上车之后很快就晕车了。这真是很荒诞的事，坐火车也晕车。其实之前我也坐过火车，一点事都没有。然而，那天就晕车了。到上海之后，马上就接着生病了。拉开了时间的长度，你再去回味一下，原来晕车、生病，其实都跟精神状态有很大的关系。

当然，我现在会更多地理解我的父亲。他十来岁的时候，他的父亲就去世了，他停止了他读书的生涯，开始去做工，做学徒，学的就是做线面；他有个傻弟弟，还有个妹妹。妹妹很小就做了人家的童养媳。我的奶奶，是完全没有生活能力与劳动能力的，从小就没干过农活（我们那边，老一代的女性是这样的）。再加上邻里这些亲戚，毫不夸张地说，是群狼环伺的邻里关系。我母亲跟堂母就干过一架，跟周边人的关系都是非常紧张的。父亲就是成长在这样一个环境里，他父亲在的时候，他是一个非常受宠爱的孩子，家境又非常好，但是我爷爷一去世，几乎可以称得上"家道中落"，一下子陷入了风雨飘摇的生活处境里。所以他内心的惊恐，实际上是童年埋下的——惊恐是从身体里长出来的，从环境、生存以及各种压力里长出来的。

在我小时候，只要我一做错事情，基本上就会挨父亲的揍，而且打得很狠。我想，是没有谁教育过他要怎么做父亲的，甚至他也没有反省过怎么做父亲，只是用别人惯用的手法惩罚自己的儿子而已——又狠又重地打。一个人生活在恐惧之中，他是更容易成为某种意义上的暴君。一方面他是懦弱的，另一方面他又是粗暴的。他肩负着一些责任，但是那个肩膀是很脆弱的，这些责任的重压会扭曲他的心灵。

从我个人成长的自我觉悟来说，其实我很早就非常有意识地要走自己的路，不要成为我父亲那样的人，虽然我父亲身上也有很多很好的品格。我说我不要成为像我父亲那样的人，是指我不要走他给我安排的那条所谓的人生之路。比如说，我虽然有机会进入体制内担任职务，当时在很多人看来是有非常光明的前景的，但我断然拒绝了。我妹妹告诉我，父亲知道这件事后，几乎生了一年的气……因为在他这样的家庭成长起来，在我们乡村的这种环境，孩子能衣锦还乡，光宗耀祖，这是父母普遍的一种期许。但是我不想走这条路，不想成为我父亲所期待的那样的一个人，也不想像我父亲那样懦弱，那样没有勇气和自己决绝。

我想，家庭教育都有一种正向的教育和反向的教育。反向，有时是所谓的逆反，可能会让人走上一条很可怕的路。但是还有一种可能，我不妨用"立正"这个词，正是要逆反，才有可能走上正确的路。我可能是试图要"立正"的，我一直都对家庭、对亲子关系、对父亲这个角色有很多的反思，这个反思，也不是一般意义上去审视我自己的父亲，而是从这种审视里，对人性有所觉察，进而一方面去理解它，另一方面能够形成自己的教育观，或者是亲子观。这一切，也都会帮助我去更开阔地理解人。

我的阅读起点非常之低

我今天晚上还在仔细地回想，我到底是几岁上学的。因为我们乡村的习惯呢，算年龄按虚岁，而不是周岁。我算了一下，我应该是七岁正式上学的。

在我上学之前，实际上是没有任何的学习经历的。在我们乡村，也没有幼儿园，但好像有一个幼儿班，但是在哪里，我也不知道。到了上学的年龄，我父亲就告诉我，今天要上学了。那个时候还是村级小学，然后我就去上学了。

一 上学第一天遭遇"滑铁卢"

我上学的时候，不要说学会什么了，甚至连最简单的"一"字，都不会写。这个实在太荒唐了，更荒唐的是在我的印象中，我真正的记忆似乎也是从上学第一天开始的。但是这一天我一点也不喜欢，因为我不会写自己的名字，又不会写老师要求我们写的"一"字。

我想请跟我坐在一起的堂姐帮忙，结果被她教训了一句，然后就哭着回家了。后来老师跟我的父亲说，你的孩子上不了一年级，没有达到上一年级的要求，去上幼儿班吧。当然，我也不知道老师为什么这么建议，因为我上学的第一天就哭鼻子，让众人耻笑？其实不管众人有没有笑，反正我自己觉得上幼儿班是非常丢脸的，死活不肯去上，所以又坚持着去上学了。

上学之后，大概过了一个月吧，我就跟上了班级教学的进度。我用"教学进度"这个词，简直是一句客气话。什么叫教学进度呢？乡村的孩子，比如说我，上学之前连世界上还有种语言叫普通话都不知道，因为我们一生下来，所讲的语言就是方言。一直讲方言，给我后来上大学造成了巨大的困扰。我对教材几乎没有任何印象。我就觉得我读的小学，是"假的小学"。

所以，我印象里面，我真的没有学到什么东西。

我也没有跟我的老师交流过，后来也没有交流过，我的这些老师，说实在的，也没有给我留下太深的印象。这个小学阶段其实是无书可读的。因为除了教材以外，你再也看不到别的书。老师上课，其实也不知道怎么上，对背诵课文、默写、抄写等的要求也是非常低的。这样的一种学习的状态，对我的很多同龄人造成了一种致命的影响，这个致命的影响，最重要的就是对学业方面没有任何的期待，对学习重要性本身没有最基本的认识。当然，更大的麻烦还在于完全看不到未来，未来要走向哪里，谁也不知道。

二 第一份读物：《参考消息》

刚才讲到无书可读，其实，你也找不到能够让你受到一些影响的同辈或者稍微年长的大哥、大姐这一类的人。我的生活中没有出现过这种读书人，没有出现经常阅读的人，没有出现过用自己的阅读对你产生一些启迪的人，就是没有受到过书本的基本的熏陶。

所以说，我的记忆从一年级开始，这种记忆，某种意义上也是一种苍白单调的记忆，因为作为一个学生，我却没有形成学生生活的这种正常的记忆系统。

我能够记住的都是跟人打架，包括一年级的时候跟我的一个堂哥打了一次，后来跟其他同学打。乡村里这样的学校生活，基本上也没老师管。只要不是打得太厉害，就没有人管。另一方面能够记住的，就是在校园里做的一些游戏。我后来在文章里写到我们学校有两棵很大的香樟树，我上课的时候，经常会观察外面的香樟树上的那些画眉鸟跳来跳去的情景，可能我对香樟树的喜爱就是因为童年的时候看到的、印象最深的，就是校园里那两棵香樟树，以及香樟树上面有很多的鸟。我对它们细致地观察，它们投射到我的心灵里去了——这是我对大自然的阅读的一部分。

我认识福建师大的一位老师，他八十多岁了，背唐诗宋词张口就来，他说这叫童子功。我的童子功，可能就是对大自然的观察，对土地的感情，对乡村生活的经验。这个童子功对我的一生也是有重大的影响的。但这样在童年荒废了学业的人，其精神的成长，人的教养方面的成长，就缺少了最基本的一种铺垫与熏陶。

我刚才说了一大通在学校里无书可读的事情，那么在校外呢？我这里特别要强调我校外的几种阅读：一个阅读就是我爸爸当时在一个粮食加工厂做线面。他这个厂里订有《参考消息》，我放学以后，经常跑到他厂里看《参考消息》。我读《参考消息》大概是小学二三年级的事情，但今天我对世界的认识，对国家关系、对地理的兴趣，对国际政治的兴趣，就是从看《参考消息》培养出来的。尽管当时《参考消息》上的内容也有时代的局限性，但在某种程度上，也打开了我的视野，知道世界上有哪些国家，产生了对这些国家的某种好奇。

还有一种阅读方式，就是看当时每家每户都有的《毛泽东选集》。我看此书，不是看正文，而是看它的注释。它的注释里面有很多的历史掌故，尤其是中国历史的掌故。这里面有时间，有人物，有具体的事件，以及事件的意义。后来我特别喜欢历史，我考大学的时候，几乎所有的专业都报了历史。因为就像诗人惠特曼所说的，你在路上，遇到了什么，就成为什么。我首先遇到了《毛泽东选集》里的历史注释，我就成了一个历史爱好者。

三　最初的阅读渴望

我也不知道我的阅读兴趣，或者阅读热情是怎么产生的。但总而言之，有一个阶段，我对阅读一直有很强烈的渴望，甚至叫饥渴。这个饥渴，就会促使我去寻找可以阅读的书籍。于是，我和比我年长几岁的，十来岁的，这些堂哥、堂姐有了一些交往。因为他们手头上，或多或少都有一些"文革"前的中外小说。比如，我读到了不完整的《钢铁是怎样炼成的》，大概后面的五分之一都没有了。所以当时我对保尔·柯察金最后的命运是不了解的。

正是因为跟堂哥堂姐交流了，我还读到了《红旗谱》《沸腾的群山》《三家巷》《苦菜花》等一系列的文学作品。很偶然地也会读到一些苏联的长篇小说，那个时候读起来是极其吃力的。比如读到了一部长篇小说叫《篝火》，对一个少年来说，没有其他的阅读经验与背景，读起来非常吃力。但是没有别的书可看，我只能看这样的书。所以，年少时你如果能够耐心地把一本书看下来，它就会成为你一生中有深刻记忆的一本书。比如说我看《红旗谱》，《红旗谱》里面讲到上海的洋买办的故事，就是卖洋油，非常有意思。像《苦菜花》《三家巷》，也写到了爱情，写到了革命的爱情。不管是革命的爱情，还是其他的爱情，总而言之是爱情，对一个少年总会在心理上，产生一种影响。我遇到的就是这些小说，至少那个时候，它们对我的整个对世界的理解，对文学的态度，包括文学的想象都产生了很大的影响。

我记得我在大学的时候曾经想写长篇小说，虽然在大学里读了很经典的著作，但是对我的此次"创作"影响最深刻的是童年时候读的一本少年小说。也就是说，实际上，最初的记忆在你动笔的时候，像一只无形的手，帮助你握笔一样。

还有一种阅读，就是读当时的小人书，还有某一些能碰到的儿童作品、民间故事。那个时候，不要说小学，中学也没有图书馆，甚至连图书馆这个概念都没有。我们那个时候叫公社，公社那边也基本上没有书店，只有一些卖小人书的小摊。我还是很喜欢去的。

一直到了初中，我才在我同学那读到了真正的儿童文学，也读到了《木偶奇遇记》，这是我阅读的第一本给我留下深刻记忆的儿童文学作品。这个童话在一个孩子的心里，其实不是童话，它就是一个真实的事情，是一个你所期待、你所向往的一个真实的现实。

四　阅读的潜在价值引领

到初中的时候，我们老师讲过《水浒传》，因为那个时候是要求再批水浒的，所以我们学校的教导副主任给我们讲了《水浒》的故事。他是用福州话讲的，他说只有用福州话讲才会讲得特别生动。但是我们都笑了，觉得老师说的话很好玩。现在想想，我怀疑我这老师根本就不会讲普通话。

但是这个老师对我来说，非常重要，因为我读初中的时候，我的作文都是很糟糕的，分数很低。到了高中，重新分班以后，这个老师教我，给我上语文课。有一次他在班上挑选参加学校作文竞赛的学生，竟把我选上了。当时我非常惊讶。后来正式比赛，我获得了一等奖，是平生最重要的一个奖项。

虽然那一年，我的成绩差极了——数理化三门加起来还不到六十分，我爸爸看了成绩单后，一句话都没有说。但是我在学校里作文获得了一等奖，只有三个人获得一等奖。后来，我觉得我要去读文科。虽然很多人认为文科就是那些不会读书的人才去读的。但我就是愿意全神贯注地读文科、读历史、读地理。

有一件事情，我印象很深。我们的语文老师家里有很多的《儿童文学》，我去他家的时候看到了，他给他儿子订的。这是一位非常了不起的爸爸。那个时代，他能给他的儿子订《儿童文学》！然后有一天，我问他能不能借一些《儿童文学》给我看，我的老师给了我非常明确的否定："你现在已经不是读《儿童文学》的年龄了，你要专心地准备高考，等你上了大学，想读什么书，大学里面都有。"

后来，真的像我老师所说的那样，大学里面什么书都有。我刚到华东师大的时候，去图书馆借的第一本书，你们猜是什么书？那么多的书，我想借的是《林海雪原》。因为看了电影《智取威虎山》，印象太深了。

当然，我的阅读起点低没有什么丢脸的，这就是我真实的生命成长的起点，是那个时代普遍匮乏的乡村学习的真相。但我还是幸运的，在那样匮乏的环境里燃起了对阅读的巨大热情。这个对阅读的巨大热情，是有很多实例的。那时候我偶尔去外公家，外公家的墙上，包括楼房的木屋顶上，都贴满了报纸。我去那边，就不停地看那些报纸。墙壁上的看完了，就搬一张椅子，爬上去抬头看糊在楼板上的那些报纸。我外公很欣慰，评价在众多的外孙、外孙女里面，我是唯一一个比较明显的有希望的人。说句得意的话，我后来果然没辜负他老人家的期许。

五　童年阅读经历的教育启示

回顾自己的经历，我今天有一个看法，就是在小学阶段，老师从知识的角度是教不坏学生的。哪怕教错了，哪怕什么都没教，哪怕老师自己很无知，也是不会教坏学生的，因为学生今后还有很多学习的机会，很多纠错的机会，很多自我改善的机会。最可怕的可能是有一些老师限制孩子的阅读，剥夺孩子阅读的权利，或者不断地通过考试，以检测的方式让孩子的阅读热情都丧失了。这才是最可悲的。

当然，那个时候我的父母为生计着想，再加上社会上普遍的状况就是那个样子，所以，他们基本上也不关心我在读什么，也不知道我在读什么。所以我就有机会向我的堂哥、堂姐，向周围的人借书看，有时候忘记还了，就变成我的书了，然后我就用那书跟别的人再做交换。所以，书实际上是越变越多的。虽然那些书现在看来，我肯定是不会再推荐给小学生、初中生看的，但是在那个图书资源匮乏的年代，它们仍然对我的精神产生了一种滋养作用。当然，更重要的是帮助我燃起了对阅读的热情，保持了对阅读的强烈的情感。所以，每种境遇，都是可以更乐观地看待的，都是可以找到一些有利于成长的因素的。我所生活的那个时代，是一个物质严重匮乏的时代，但同时又是一个比较能让人任性生长的时代；那个时代是学校荒芜的时代，但同时又是精神成长压力很小的时代；那个时代看不到更多的热情，也看不到更多的从学业角度实现阶层升迁的希望。所以学校里面根本也不存在人与人之间的竞争。这一切，也许对人的精神成长是有利的，这个有利从我自己的角度来看，就是让我保持了一种生命的热情，保持了一种好奇心，保持了后来进大学之后那种持续的、强烈的阅读的热情。在我看来，至今仍然是我生命中最大的一种前进动力。

　　最后，要做一个归纳的话，我觉得一个人童年的时候，就能够得到父母、老师、整个家庭，乃至于更多人的阅读的影响的话，是一件很美妙的事情。假如这样的书籍是多样的、丰富的、分阶分类的、符合儿童心灵发展的、特别适合儿童阅读的图书，让儿童在特别宽松自由的、有自主选择的一种状态里开始他的人生，那就可以称得上是非常幸福乃至幸运的一件事情了。

小学毕业作文只得了五分

之前，我讲过我的乡村小学和中学，但没有做具体的描述。其实我上的小学是村小，就是福建省闽侯县上街公社厚美大队的厚美小学。

我们这个厚美小学，"厚"是深厚的厚，"美"是美丽的美。这个地名还是很不错的。我上的小学呢，实际上是民国之后就有的学校，校舍也是民国时候建的，是用青砖建起来的。学校的校舍结构很独特。所以，我读小学的时候就经常想，我们这个房子怎么跟村里其他的房子不一样呢？当时不明白，那叫民国风格。很遗憾，前几年这个校舍被拆掉了，再也看不到这个有民国范儿的乡村小学的建筑了。

一　考"五分"的由来

再说说我小学毕业作文只考了五分这事儿，有的朋友调侃说："五分是不是满分啊？"我们作文是二十五分，我得了五分。事实上，我有很大的可能得零分——老师可能是觉得给零分有点不好意思吧，就给了我五分。我应该承认老师给我的评价是公正的，因为我抄了同桌的作文。二十五分他得了二十分，我抄得一模一样，老师大概也看得出来，是我抄他而不是他抄我，所以，给了我五分。

我这位同学，我回乡下的时候还会经常看到他，每次看到他，总会想到我抄过他的作文，很不好意思，还欠人家五分。但是，我要说的是，不是老师把我教成只能考五分，而是老师可能根本没有教！虽然也有作文课。当时除了我们的教导主任是公办教师外，大部分老师都是代课的老师，现在叫民办教师。当然我们那个时候也不知道老师之间有什么区别。我们小学的课堂基本上没教什么，这个我记得很清楚。所以我这个得五分的作文，不能怪老师教坏了——他根本就没教，我根本也不知道什么叫写作文。

当然，我的整个小学阶段，除了一年级开始时学得很艰难，后来很用功，记忆力特别好，背什么乘法口诀都很快。但是作文可不是记忆的考试，老师没怎么教，也根本没有阅读，所以哪来的写作能力？

二 糟糕的教材， 多彩的童年

我们的教材，前面我也说过了，太糟糕了。语文课上我学了些什么，基本上现在都忘记了。

但我还记得教材上有一篇课文，讲的是生产队养猪，有一只猪，一直养不大。大家就找了技术人员，技术人员束手无策，然后找了我们乡村的贫下中农，贫下中农经过观察之后发现，因为这只猪听力太好了，所以，一有点声音，就受到惊吓，于是它就长不大，怎么养都养不好。然后，这位很厉害的贫下中农选择把它的耳朵搞聋，这只猪就养大了！我为什么会记住这么一个可笑的故事，因为这就是我们教材里太神奇的一个故事了。你没办法想象，会有这样的课文来证明知识分子不行，农民才行。

回过头来说，我不会写作文真的不能怪老师，要怪就怪那个时代，但是有什么意义呢？当你生活在那个时代，人身处其中，往往都会有这一类的麻烦，就是你没办法认识那个世界，尤其对一个儿童而言，根本不可能有这样的能力。但是我今天在想，我在那个时代真的没学到什么吗？我在这样的课堂本身是什么都学不会的。那么课堂之外呢？我能学到什么？

在课堂之外学到的东西，还是非常之多的。我们的村庄周围都是荔枝树、龙眼树，还有橄榄树。至少周围所有的树木我都爬过了。我们童年的时候，几乎所有的人都会爬树，你要想有果子吃，是不会有人帮你爬树的，那全靠你自己。所以，我们都有非常好的爬树的技巧。

我的一个朋友，作家叶开，说他是在树上长大的人，我的童年，也几乎都是待在树上的。热爱自然，是所有儿童的天性，只不过，现在很多孩子，并没有我们那样的能和自然奢侈相处的机会。

童年时期爱待在树上，不单是为了摘果实，因为在我刚学会爬树的时候，生产队还没有彻底地被破坏，摘果实是有风险的——对偷摘集体果实的人有一个惩处，就是要给每家每户送一块光饼。你想想，在一个村庄，给每家每户送一块光饼，全村人都会知道你偷了生产队的果实，并且被抓了，这是多么可怕的惩罚！所以像我这样胆小的人，一般是不敢干这种事情的。

我们村的荔枝树、龙眼树，都是生长了几十年、上百年的果树，非常高。有一天，我爬荔枝树的时候，一脚踩在一个枯枝上，那枯枝马上断掉了，还好，我反应很快，抓住了上面的树枝。哎呀！我受到了巨大的惊吓，如果掉下去，可能会没命的。虽然年龄很小，但我当时就觉得这是命运对我的某种启示，我要是再爬树的话，迟早会出问题的。从此以后，我就再也没爬过果树了。而且从这件事后，我变成了一个非常有克制力的孩子。

这个克制力实际上是大自然教予我的，就是在乡村广阔的自然中，充满好奇心的孩子在探秘自然时，能对未知的东西，能对某种危险，或者是他认为的某种命运启示的东西，自然有一种敬畏！这种敬畏有时候就会把偶然可能发生、已经发生的事情，看成某种命运的启示。千万不要小看儿童期的孩子对命运的体悟能力。

除了爬树摘果子以外，童年里，还有一件事情让我印象非常深刻。我非常喜欢观察鸟，尤其是观察那个时候我们乡下特别多的画眉鸟。这种画眉鸟因为身型特别娇小，所以，村民要想捕捉它是极其不容易的。画眉鸟还有一个特点，它结在树上的巢，非常之隐蔽，所以我经常会在树下待上一两个小时，甚至数个小时，非常耐心地看它在树枝上跳来跳去，或者飞走再飞回来。它在树上悠闲地跳来跳去，树下的我就在想：不管你多么的狡猾，我一定要一直盯着你，一直等到看见你进鸟巢为止。这么做的结果是什么呢？我练成了一种本领，我看一棵树，稍微看一下，就能判断这个树上有没有画眉鸟的鸟巢。这个功夫，真的是有点厉害！我的小伙伴们不太相信我这一点，我总是可以证明跟他们看。这是当时很令我得意的一件事。

但是，我的家人及邻居那时候都叫我"傻瓜"。

我不太明白，我这个傻瓜具体是怎么得来的，我现在有时候想想：一个小小的孩子在树底下观察画眉鸟，观察几个小时，就那么仰着头，这种行为举止，还真是有点像傻瓜。不过我又想，大概他们对我的这样一个叫法是从我小时候做的很多"笨拙"的事情中得出来的。前面我所讲的观察鸟的事情，有点冒傻气，还有一件事就是到池塘里钓鱼。

我的小伙伴们都不喜欢钓鱼，因为我们那儿的池塘里几乎没什么鱼。所以我经常一个人去钓鱼，钓几个小时也只能钓到一条鱼或者两条鱼。但是，一到夏天我就会去钓鱼，每年都是钓不到什么，我却一直要坚持。我钓鱼的时候非常专注，眼睛一直盯着浮漂，看它到底有没有被鱼牵动。钓几个小时就钓两条，还乐此不疲。

还有，就是经常到河里摸田螺，下雨天就去抓鱼，这些事情构成了我童年生活的主旋律。所以当我现在思考童年的时候，其实能体会和总结出，我所受到的更重要的教育，都是大自然给予我的。而且大自然给我的这种教育，它本身就是很自然的，很亲切的，是一种生命性的教育。我这个从小在大自然怀抱里生活的孩子，会有这样的感受，有这些经验的获得。同时，在这样的经历中，我跟大自然是融为一体的，没有隔阂感。

三 大自然的慷慨馈赠

我反思童年这种生活的影响时，认为当时我首先是很自然地解决了跟这个世界、跟自己周遭世界的关系，也就是说当我现在想到大自然，说到乡村生活，说到福建的风土人情，我会自然地在脑海中呈现出那些细节，那些非常形象化的花草树木、虫鱼鸟兽，以及活跃其间的那个孩子——类似于闰土式的一种形象。

这种大自然自然而然赋予我生命的东西，不能简单地把它看成一种知识，它比知识更重要。也就是说，知识的习得有时候不能解决你跟大自然之间的关系，但是你在与大自然的这种亲昵感、亲在性中，是能够获得一种知识的，这种知识是一种个人化的知识，这是我的一个很深的感触。另一个感触就是，其实在这么一种大自然生活里面，你也解决了一个自我的关系问题。我童年的时候，身体是很差的。刚上学时，每天放学回来就头痛，躺到床上。有时候可能是因为饥饿吧，反正是体弱，放学回家经常要吃家里的一些剩饭（也只有剩饭可吃），吃完以后精神就来了。但是在我的记忆里，我读到小学四五年级的时候，身体就变好了。这可能跟在大自然里生活有很大的关系。土地有一种治愈能力，在土地里奔跑，在土地里淋雨、出汗，包括很自然的一些生命的历练，都会增强人的体质。同时，在大自然中，人会有一种生命的愉悦感，童年的那种孤单、孤寂与生活的无望，在大自然中得到了一种舒缓。在大自然里，我跟它融为一体的时候，其实，就没有那么的忧愁了。更重要的就是，我也学会了一些具体的生活能力与技巧。比如说，我刚才说到的爬树啊，观察鸟啊，包括田园劳动的那些技巧。我小的时候，乡村的孩子从课堂中是学不到太多东西的，课堂氛围是松的，某种意义上说被败坏了，但另一方面，给了童年的我一种自由，和大自然相处的自由，让我有对大自然进行观察，从大自然中获得某种生存能力与生活技巧的机会。这都是对我一生影响巨大的。

我可以这么说，在这样没有真正意义上的学习的童年里，在没有真正意义上的校园学习或者学校的、具体的学习条件的环境里，一方面，大自然教会了我太多东西；另一方面，我积攒了另外一种学习动力，比如说产生了对阅读的渴望，对阅读本身抱有一种非常强的好奇心，只要有阅读的机会就不会放过。实际上，我觉得这是生命中非常重要、非常可贵的一种幸运。

四 "身体文化" 的痕迹

同时，我说到我不会写作，跟没有太多的写作的历练有关系。但是反过来说，我也保持着对写作的憧憬，保持着对写作的强烈的渴望，保持着某种意义上也可以说很希望在写作上拥有胜人一筹的体验。

因为这种学校生活，没有给你提出一条明确的，像现在这样通过考试的明确的道路。在我的小学阶段、中学阶段，是没有人给你指出这条路的。所以实际上你会更敏感，你一直在寻找某种发展的可能性。

这里还有一点我觉得更为重要，像怀特海所说的人生成长有三个阶段：

浪漫期、精确期、综合期。六岁到十二岁正好属于浪漫期。浪漫期，概括地说就是需要扩张生命的经验，增加生命的体验，让人的想象力、活力得到最好的历练与刺激。所以，从某种意义上说，错误的学习有可能要比没有学习更糟糕，填鸭式的学习实际上会使得人的心智受到极大的毁坏。还有一个麻烦，就是过度学习会造成大脑的格式化，包括自我规划的某种程式化，所以，错误学习所蕴含的风险要大得多。今天我们竟然有人说，为什么坏孩子都成了老板啊？坏学生、坏同学都成了很有作为的人？卢梭在《爱弥儿》中，从某种意义上解答了这个问题。他说像那些所谓学习好的人，他都是按指令式地学习，就是老师叫你干什么就干什么，老师叫你怎么做就怎么做。实际上，你所有的问题都是由老师提出，所有的规划都是由老师完成，所有的任务都是由老师发布的，你是一个接受者，你是一个顺从者，是一个亦步亦趋的人。你复制了老师所有的对你的生命规划。其实在这个过程中，在这种顺从与规训的状态里，你丧失了活力，丧失了自主发展的能力。卢梭甚至说，你看一些人，叫他吃他会不停地吃，只要你不制止他，他就是撑了，他还要吃下去——这就是好学生，那么，那些坏学生呢，他很可能对自己的人生早早就有了规划，早早的，他就变得更加机灵，更有主见。在老师看来他有破坏力，其实这种破坏力也是一种生存能力，他早早地就为自己谋划了未来。所以他保持了机敏，保持了对生活的热情，他更富有冒险精神。

在应试教育体制化的情形下说了这样的话题，有一部分人可能会认同，大部分人也是无能为力的。但是，更为重要的，在我们所说的这种"浪漫期"，其实人生命的所有体验是生命性的，它是无法代替的，也无法用知识的习得完成的。所以身体的这种实践会留下最为深刻的记忆，会留下我们可以把它称为"身体文化"的痕迹，比如对大自然的情感，在大自然中生活所获得的那些乐趣。大自然所给你的东西是最活泼、最鲜活的，我相信这一切对我后来的生命发展都是最好的财富，所以，我真的没有抱怨自己在乡村的学校有那么多的代课老师，他们基本上没教给我什么，好像我的童年被荒废了。实际上童年如果只能学一种东西，又被过度的学业所侵犯，童年过早地就把成绩、把排名变成自己生活的所有，这才是更可怕的一件事情。

五 到底小学的作文应该怎么教

我曾在我的微信里面探讨过一个问题：小学的作文需要教吗？后来又征求了美国的同学、德国的同学的意见。美国的同学从他的研究，自己孩子的成长，说美国的小学跟我们教的是不太一样的，美国小学的作文更类似于怀特海的这种浪漫期的学习方式，就是让孩子去表现，让孩子按照自己的理解去表达，而且它是循序渐进的。循序渐进特别体现在不对精确性，不对所谓的过于技术化的方面提出具体的要求。当然，他们的作文会更看重孩子做调查，做手工，寻找数据。我的一个大学同学是美国纽约州立大学的教授，研究儿童心理学。他说美国学校对低年级的孩子要求很低，到了高年级孩子就开始写书了，要写报告了，比如说写自己的家族史。老师更多的是鼓励孩子去写，而不是在技巧上指导，以打分的方式来做评价，他更多的是做助产士的工作，去推动，去鼓励，让孩子在没有过于技术化的评价下去发展自己。这实际上也表现出对儿童天性的尊重。

实际上我们现在的小学作文教学，麻烦就在于它跳到了第二个阶段，即怀特海所说的准确期——过于注重对孩子写作技巧的指导，过于注重对作文的某一些规范性的要求。它的弊端恰恰就在于让孩子越来越害怕作文，越来越觉得写作文无趣，越来越觉得写作陷入了一种程式化的模式里。

今天城里的孩子，远离了乡村，远离了大自然，即便是乡村孩子，生活也是那么苍白，没有真正的乡村生活的经验，也没有乡村生活的技巧。

我有一个朋友居住在澳大利亚，他孩子出生没多久，他的邻居只要见到他，都会问他一个问题："哎，你的孩子淋雨了吗?"刚开始，我的朋友不知道这是什么意思，觉得也许正巧大家都想到了这个问题。后来，他不断地听到这样的问话，就觉得有什么特殊含义了。原来，在当地，出生的孩子都是要和大自然亲密接触的，最常见的方式，就是让婴儿淋淋雨。

所以，从孩子出生之后，父母就要比较有意识地让孩子有机会亲近大自然。这也是一个考作文曾考"五分"的人，从大自然那里得到的最想和大家分享的体会。

我总是警惕自己身上的人性短板

今天早上我很早就醒了，多早呢？大概四点多吧。在我乡下的院子，大概四点，就能听到鸟的叫声。鸟叫得最热烈的时间，是在五点多，而后，就慢慢没有那么热烈了。四点多的时候，有些叫声特别清亮、婉转，美妙动人。我躺在床上，真想起来把它录下来，但身体又觉比较疲倦，就躺着欣赏吧。

今天这么早醒过来，也是事出有因。

昨天傍晚的时候接到一个消息，让我顿时很沮丧。刚刚出版的教材其中一册的一篇文章，有些问题。说实在的，作为主编，这件事情跟我还是有关系的。

我们对这套教材做了大量的修订，尤其这一册，修订内容比较多，因为分册的主编也很忙。当时修订完后，我作为教材的总主编负责这件事，将修订完的各册也都给了分册主编再审阅，唯独这册没有。因为当时考虑有二：一是变动比较大，另外一个是我想那位主编既然这么忙，就不要麻烦他了——真的是"好心做成了不周全的事"。这件事让我觉得，考虑问题还是需要按程序来，不能想当然地去做一件事，程序存在的合理性，还是值得肯定的。

分册主编对这件事比较生气，当然，我很快跟出版社做了一个回应，与出版社沟通，把有问题的文章撤换下来。大概有两页需要重印，而后要重新装订，另外，还有几处可能也要修订一下。

当然，从出版的角度来说，这样折腾会增加一些成本，也会耽搁出版时间。但这都不要紧，关键是，一件事情发生了，就应该比较正面地、比较建设性地回应它，而不是怨天尤人，或者是责怪对方过于苛刻。既然是自己做得不够周到，那就尽量弥补与改善这种不周。当然，这件事情还是会造成一些情绪上的负面影响，有时这些影响也是需要一点时间，才可能有所调整。所以，我总是会努力地去调试自己，或者努力把自己某种晦暗的情绪释放出来。

这些年，我经常会感慨：一个人只要走正道，就有贵人相助。既有帮助你的人，也有与你同行的人，又有在精神方面深远影响你的人。但另一方面，只要你做事，免不了有纰漏或出麻烦的时候。比如你写文章，除了喝彩的人之外，也有对你文章观点表示不满的。这里既有价值观的差异，也有情绪上的分歧，甚至是利益上的某些冲突，我有时候也能体察到各种微妙之处——当然，我不是指上述教材的问题。

我记得我和一位朋友的事，她是一位幼儿园园长。一次她去参观一所著名的幼儿园，看见墙上有三毛上这所幼儿园的照片，很欣喜，为幼儿园培养了作家三毛而自豪。我呢，就多说了一句：其实对幼儿园来说，真不应该强调是它培养出了三毛。人早期的教育到底对人影响多大呢？对三毛来说，最大的影响不是在幼儿园，而是在初中的时候人生有了转折。结果，我这位朋友听了很不高兴，当场就把我的微信拉黑了，让我很错愕。

还有一位朋友，其实她对我也挺好的，曾经两次邀请我到她学校去讲课。她也是当地很有名的语文老师，一位作家，当校长也当得很出色。那天，学校有位老师介绍她到市里图书馆讲课，她引用了一句博尔赫斯的话："图书馆是最像天堂的地方。"我平时爱开开玩笑，和她说了一句话，意思就是说，你这个校长要去天堂啰。哈，没想到这位校长看到后，非常生气，觉得她那么敬重我，我怎么对她这么不恭敬。她回复我的时候，言辞充满不愉快。我当时就道歉了，我说我并没有恶意，更没有诅咒的意思。但是，伤害已经造成了，也不可挽回了。她也把我拉黑了（我开始还没想到她会把我拉黑，过了很久才知道的，我也没想到后果这么严重）。

后来反省这些事情，我想对于我们熟悉的人，我们爱开玩笑，但对玩笑而言，每个人的感受是不一样的。比如说我周围的私人朋友，对死亡这件事情并没有那么忌讳，觉得死亡也是可以开玩笑的。但是可能这位校长，她不这么看，而是觉得我说得太重了。这是我的"无知之过"吧。这种"无知之过"有几个方面，有的是"好为人师"，觉得不妥就指出来，但可能有的人不喜欢你这个样子；有的"无知之过"是，你以为这句话没那么严重，但是"言者无心，听者有意"。有时造成过失了，再进行解释是挺困难的——对于这件事，我也颇为自责。

当然，有一些情况不是这样，而可能是价值观上的问题或冲突。还有一些，可能是利益上的不愉快。说到利益，众所周知，我不是一个生意人。无论你怎么看我，我都肯定不是一个生意人。

我觉得，只要你在做事，包括你在推广你的图书，推广自己的思想，这本身就是一种利益，也会引起一些人的不愉快。我更多的当然会想到人性的复杂，会想到自己也是一个不完美的人，一个有很多缺点和很多麻烦的人。我基本的立场是：我不愿与人为敌，也不愿与人过多地争辩。我会努力保持一种温和、低调的方式来处理这些问题。比如说，我错了，我总是愿意很诚恳地来对待我的过失。有时，真不能简单地说是"树大招风"，再说我这树也没那么大，但是只要你发出声音来，总会有各种各样的回响。可能，我也需要一种承受力吧。

我有时会这样想，比如"不愿与人为敌"，其实道理也很简单，就是刚才提到的，人性本身是有瑕疵的，跟我们成长的背景、跟我们所受的教育、跟我们的教养程度，包括我们对人生的理解，以及我们对所做事情所持的立场等有关，使人一方面充满光芒，另一方面又总会有自己的阴影，有自己的锋芒，也会有对他人的伤害。

另外，我有时会把这些放到文化格局里去看待。我想的是，其实在这个时代，大家都过得不容易，时代投射在我们身上的阴影要比我们想象的大得多。时代本身的"麻烦"，也在推动、影响着我们身上的那个"黑斑"，不断放大。

这么想着想着，心情就会平和一点。今天早上我还想到，在清晨听到这么愉悦的鸟叫声，它也有一种治疗的效果，大自然是能治病的，也是能够抚慰人的心灵的。

呵，你说呢？

我的使命感和我所做的教育

　　转眼间，我在微信群里跟大家已经分享了两个月的"十分钟"的夜聊内容，基本上是以"十分钟"为一个标准时间。我所讲的"十分钟"，如果要对它做一个概括的话，有的是及物的，有的是不及物的。所谓及物的，就是比较接地气，讲的都是生命中的故事、童年的记忆、人生的遭遇，以及由这些遭遇所引发的各种各样的感悟。还有一种，是跟现在的研究、所关注的重点，以及所开展的某一些具体的工作有比较大的关联。这一切，可以称为及物的，也可以说是某一种复杂的形态的生命叙事。我说它们复杂，实际上是指它们不是单一的、只有一种线索的叙事，而是混合的。所以，愿意听下来的人，觉得是娓娓道来；可能不愿意听的人，或者听得比较勉强的，会觉得唠唠叨叨，没完没了。

　　所谓不及物的，也就是它跟你人生的某些期许、对世界的想象，以及人生的各种忧愁有关。当然，我这样的年纪说这些，已经不是基于青年的情怀了，当然也不是基于迟暮英雄的心态，这其实是有生命的各种况味在其中。许多生命的况味，是需要时间沉淀的，需要你不停地思考，而后有所颖悟的——"纸上得来终觉浅"，生命的践履需要一种思想上的转化。

　　我经常会想：生活在今天这个时代是很不容易的，要面对各种的艰难。

有时你去想自己的日常生活，想多了，都会有一些比较消极的惆怅。这个惆怅，它也是不及物的，它跟我们"仰望星空"有关，也就是我们想象中总有一个更好的世界在等待着我们，但其实这个世界在我们的有生之年是不会到来的。很多时候，我们往回看，会有些难过；往前看的时候，又有些迷茫。

如果把"及物"和"不及物"的叙事用另外一种方式表达的话，就是：有生命之重，也有生命之轻。我相信这一切，大家都是有共鸣的。

我希望能够保持这种人生分享感，但这又是不可能的。只是在一个虚拟的世界里，这种分享感还能真实地存在着，但它需要你用"精气神"、用一种热情去维持。或者某种意义上说，这种维持也会使得我们生命里有种年轻肽。

我还是愿意把一些问题思考得更深入一些，昨天讲课讲到了我的精神导师黄克剑先生，其实"把问题想深入一些"，也是他对我的一种教诲。按照他的说法，就是要把问题想到底。我还没办法做到这一点，但我努力把问题想得深入一点，能够想得更清晰一点，或者说，把跟自己相关的事情都普遍地想一想，这是我日常的，甚至可以把它称为有专业精神的一种思考方式。

这些年，尤其这几年，因为我的眼睛出了一些状况，我的阅读数量、阅读速度都减少很多。现在，我会更多地去细致思考，或者把自己研究的某些关键词、某些核心的词汇，把某些"精神木桩"打得更扎实一点。所以，有些问题我会反反复复去思考，如果要归纳这些思考，都是跟生命、跟童年、跟学习、跟成长、跟命运等关联在一起的。

其实从这些词汇来说，我也是受惠于黄克剑老师的，他给了我很多启迪。当然，最为重要的启迪，是他让我逐渐地，而后充分地意识到教育这件工作的重大价值。他先跟我说教育是值得做的一件事情；后来又告诉我教育也许是最值得做的一件事情；最后又提醒我，可能你投入全部的精力，也不一定能把这件事情做好。换种表达，你可以把它看成职业，或当成事业，但对一个更有追求的人来说，它应该作为一种命业。

我不知道，我现在是不是可以口气大一点来谈及我为教育所做的事情，但至少我每天都在思考教育核心的问题，或者说，属于我的那些关键词汇。

一方面，如果要将黄克剑老师作为我人生的坐标、精神参照系来说，我心里总是抱有一种很深的愧疚感。黄老师每天花在阅读与写作上的时间是极为惊人的，他有极为惊人的执着与耐心，也就是不为世道所动，不为流俗所转移的毅力、使命感。一想到他，我就感觉自己很肤浅。另一方面，我还是个很懒散的人，身上还是有很多的文人习气，或者说有诗人的那种散漫、随意。

前一阵子，我听到顾明远先生说了一句很有意思的话，他说，有时候人所形成的习惯，是会变成一种信念的。可能是那些信念，促成了我们某种重要的习惯。当然，也有人是经过长期的他律训练，形成习惯，并逐渐成为生命的信念，成为一种信仰，一种持之以恒的工作与生活方式。从这个意义上说，我还是经常怀着一种愧疚感的。从积极的角度来说，总有一个人在提醒我，总有一个人在不断影响我，实际上也在不断成全我，总是有一个精神坐标真实而又灵动地存在着。只要我想到自己，想到人生，想到所担负的自我期许的这些工作，这样的老师、这样老师的影响力，都是真实存在的。某种意义上说，虽然我精神上已经是成人，但仍然需要更高的影响力推动我，鞭策我。

有时，我又很自然地被与之相生的各种现实的沮丧所影响，好像相对于我的使命而言，我的格局要小很多，有点无可奈何。我原谅了自己，甚至有点纵容自己，做得不好的地方是跟这样的格局有关的。也许，在自我原谅里也包含着某种命运感吧，是谁造就了我这样一种生命的态度呢？天知道。

我选择了少数人走的路

　　我一直在用一种可以称为"复杂的思考方式"去理解教育、理解人。不管你听到的是什么，其实每个人可能听到的都是跟自己所思考的，或者说理解的程度有关的。有时大家彼此间的交流，本身可能也是有难度的。这个难度，不是指知识沟通的难度，而是基于生命体验沟通的难度。生命体验，一定跟自己的阅历、学识以及习惯的思考方式等有很大的关系。

　　当然，一个人说话时，他是没办法，也不可能、不应该有别人完全跟他同频的要求。也就是说，他要有这种意识，说出来的话，别人怎么理解，那是别人的事情。但是，我还是试图让我讲的一切都具有很浅的意思，用很浅易的方式去表达更复杂的思考。当然，在复杂的思考背后，是有知识与理解的背景的。

　　比如，我们经常会说到一句话，"性格决定命运"，其实对这样一句话，我们不能止于思考"到底什么样的性格会决定什么样的命运"，或者简单就得出"性格，就意味着命运"。其实，要说到性格，这本身就是极其复杂的事情。我现在可能更多的会这样想，人的价值观对人的行为、对人的选择是影响更大的一个因素。

　　再用我自己做一个例子。我做教育研究，不是用一种正统的方式，不用学院化的方式，也不是用论文这种套路的表达，我可能更多地会用教育叙事来表达自己，也可以说用一种很文学化的表达，这本身跟学院的评价体系是完全不同的。但从学院评估来看，总觉得你所写的东西、你所思考的问题，包括探讨的某些概念都不成体系。对于这样的评价，我会这么看：我本身就没有这样的系统体系，也没有深刻的理论方面的建构能力，但我的这些理解也没错。当然，也有人会更多地看到，在我的思考与表达背后，是有很强的价值背景的。有人会贬低它，"这也是一种意识形态"，这种意识形态有蛊惑力，也有它偏执的一面。

对于这一切，我没有去反驳，我也没有这样的反驳能力。但是我非常清楚，我所做的事情确实是与我自己的思考方式以及思考背后的价值选择有关系的。这些年做的研究，如果我要去申报成果，它肯定也能得到体制的某些肯定，但对此我基本是拒绝的。我觉得我不是清高，而是更多地会想到，可能一些问题需要有另外"一格"的生命存在的方式，教育研究的存在方式。我很清楚这些年我所走的路，它也只能在边缘走，在缝隙中走，在一些具体的有思想的个人那里才能得到真正的共鸣。我不是去培养读者，而是我的理念以文字的方式呈现出来，自然地就会跟某些读者产生共鸣。也就是说，这些读者是之前就存在的，只是我们凭着各自的生命气息嗅到了对方，确认了对方。

我记得几年前，江苏的一位学者就感慨说："你走的这条路，是不容易的。"他大概说，这条路不是体制划定的阳光大道，他觉得不容易，觉得去具体做事的时候，有点孤军奋战的意味。但当具体的事情被做起来的时候，我也会聚集很多的同道中人，这就是社会开放到一定程度，不同的人就结成了不同的团体，组成了不同的团队。只要稍微保持着低度的社会自由状态，这种聚集就不用担心某天突然被"整肃"了。

昨天我在北京参加了《新父母教程：1-9年级的孩子》这套丛书的首发式，我们也请了很多的学者。有位德高望重、也非常年长的学者与我闲聊时，说到自己很忙。他在做一件比较大的事情，大学者做大事情，大人物有大作为。他说，他在做某个人的教育思想的研究。这位长者比较低调，也可能在当时那样的场合，他也不好意思具体说是谁。但当我听完后，还是略微有点惊讶，一个九十岁的老人，竟然在做这样一种应命的、应景的重大的课题（他们称之为课题）。我很自然地反躬自省，也许从我人生开始起步的时候，我这辈子都不会做这样的事情。当然，从现在来说，我也没有能力去做这样的事情——或许，别人也不会给我下订单吧。

　　比如，我做的生命教育的教材，包括父母读本，其实它都不是别人下单的，只是我觉悟到了这样的研究的必要性，后来出版社某一个项目联系我们，这些项目都面向具体的社会、具体的市场、具体的学校，它不是听命的，它不是为了某一个荣誉，当然，最后所呈现出的成效也是大不相同的。

　　这件事引起我的一些感慨，如果要归纳的话，我想说的是：其实是人的价值观决定了人要做什么样的事情，人的价值观决定了或直接影响了你要跟什么样的人走在一起，你对自己的人生会有什么样的期许。

让心灵明亮：

教师健康自助的生命哲学

精神的清洁都是个人挣扎与清修的结果，看到大地黑暗，你做最小的光亮也是予人温暖的，更重要的是你在意的一切仍不会被灭绝。人若是有心伸张自己的志向，它便有一种力量使生命变得意趣盎然。

不可小视的抑郁困境

刚才下班的时候，我在我的朋友圈里发了一个信息，说今天受到了一点点惊吓，先是一个小的惊吓，然后又是一个大的惊吓。所以很多人就问我：到底是什么惊吓呢？嗯，实际上我今天一直在想一个问题，就是大家经常说的一句话：除了生死，其他都是小问题。

在我们诗歌的朋友群里有一位诗人朋友，他前几天突然退出了这个群，然后大家把他拖回来，他又退出去，然后大家又把他拖回来。今天他非常生气地跟大家说：不要再拖我了，我不会回来了，我跟这个诗歌没有关系了，你们要约我喝酒、谈感情都可以，不要跟我谈诗歌。

大家都在问，到底怎么了？这位朋友还在留言中（在退出之前）说：你们这个诗歌群太冷漠了。大家都不知道怎么回事。我想起十几天前，他在群里问有没有谁认识他所在的社区医院的工作人员，可以方便开药？只有一个人回复说不知道。其余人都没回他。

我觉得一个人为了非常小的事情，生很大的气，说很重的话，而且公然地摆出跟大家决裂的样子，这其实一定不是什么事情让他真的生这么大的气，一定是其他的情况出现所导致的。于是我就给几个跟他走得近的朋友打了电话，询问他到底遇到了什么事。他们说，其实我这位朋友精神上一直有一些困扰。记得我们聚会的时候还说起，我们的朋友里有身体不好的，也有抑郁症比较严重的，所以当时我还强调大家平时要相互关心。身体不好的朋友，如果你太久没看到他，要过问；有抑郁症的朋友，如果很久没有吱声，一定要去关心一下。他那天还问了我一句：难道我就不需要关心吗？我说我感觉你精神状况还是比较平衡的。但是没想到的是，没过几天，他就发作了。

所以我就问大家，跟几个朋友打电话。他们都说因为最近他工作上的压力比较大，至于是不是真的是工作压力所造成的困扰，也还没办法了解，有时候谁也不一定能够说清楚，是什么具体的"因"导致一个"果"，很难有那么显现的一种逻辑呈现在你面前。其实，抑郁症绝大多数都是长出来的，而不是生出来的，天生的有抑郁倾向的情况是非常少的。前阵子，我看到一篇分析文章也谈到这个问题，说"生来如此"的抑郁症患者大概占了百分之一，绝大多数是长成的。实际上也有身体衰老的原因，精力不济、各种焦虑、压力，还有疾病、各种突发事件……生命中灰色的东西都可能导致人的精神的困顿。当然，更核心的精神困顿一定是来自于思想，来自于精神的。

人的所有疾病中，生理性的疾病固然是可怕的，但是最容易摧毁人的往往是精神性的疾病。今天上午，我也跟好几个朋友都通了电话，特别是在这个诗歌微信群里，安抚大家，让大家不要因为他这么激烈的话，觉得受到伤害。一个很沉稳、很温和、平时待人比较谨慎的人，突然说起重话、气话，说起伤人的话，你不要真的轻易生气，因为他一定有其他的原因。而这个其他原因，是需要他人一定的敏感性来觉察的。

我告诉大家，要更多地去思考：我们的朋友到底怎么了？然后用自己的方式去关心他。我先跟我这位朋友发了微信，说今天晚上能不能一块吃个饭？他说他不想出来，然后我说改天呢，还是去你家呢？最后他说，那我再约你吧！当然，他今天是不想见我，但是我需要把我对他的这种关切传递给他。

中午我到家，稍微有点疲劳，福州天气一下子热了好几度，我就想休息一会儿，没想到我的另一个朋友突然给我发微信，说有很急的事情，赶快回电！我吓了一跳，心想会不会还是这个诗人朋友有什么状况？他说不是某某（我的诗人朋友）的事情，现在有更急的事情。我说到底怎么了？他说我们的一位朋友的太太（这位太太跟我们也都来往比较多），今天上午突然开着车出去了。出去以后，给他老公打电话交代后事。

天呐！真把我吓得整个人都一下子清醒了。然后这朋友说，这一阵子这位朋友经常在家里骂老公、骂女儿，经常发作（毛病），整个精神状态很不好。我说我确实也注意到了这位朋友在微信里好久没有吱声了，几乎没有看到她。以前她也会跟我们约一下见个面，喝喝茶、聊聊天，但是这几年好像有点问题，她的先生（也是我们的校友，也是诗歌朋友）前几年因为政治方面的原因入狱了几年。出来以后，精神一直也是比较抑郁的。

我这位朋友的太太其实是一个很坚强的人，独自撑起了这个家，这些年一直都过得很不容易。她有时候跟我见面，我总是很关心，但更多地关心她先生怎么样。她说反正他就那样了，在家里会帮助做一些家务事，或者上上网炒炒股，炒股的状况也不是很好。实际上，这种家庭的压力都是会转化的，包括夫妻之间的这种精神状况也是会转化的，可想而知她这些年肯定过得不太容易。但是有时候外人是不可能知道的，他不会觉得一个很坚强、很开朗、很有担当能力的人，她也会出问题，但是生命里确实都有各自脆弱的状态。所以后来我赶忙给她通电话（因为我的朋友说，很多人给她通电话她都不接），我想不管她接不接，先打一个试试，没想到她接了。我问她在哪里，她不告诉我，就跟我说没事没事。我说很久没见你了，什么时候到我这边喝喝茶吧？她说可以。但我听到电话里有江水的声音，心里很担忧。

好在下午，他们找到她了，我这下才如释重负。

实际上，今天中国人的精神状况，普遍有各种各样的困顿，各种各样的麻烦。在我们教师团体里，这种情况也是很多的。所以怎么自我疗救、自我改善，其实对大家来说是非常重要的一个人生课题。首先要把保持身体的健康状况，作为我们非常重要的一个目标。

我刚才下班回来的路上，正好看到一些年轻人，可能是快餐店的店员，穿着一样的服装，挺漂亮的，在一块儿非常快乐的样子，我一看他们这种快乐的表情就特别高兴。其实一个人性格特别明朗、快乐，身体又健康，真的是人生最高的目标。我们在孩子的成长过程中，总是把学业问题放在第一位，但是一个人如果不快乐、毫无幸福感，他再聪明有什么用呢？一个人如果身体不健康，有各种疾病，精神上非常颓废、沮丧，你说他学业再好有什么意义呢？所以，从教育我们的学生、从教育我们的孩子的角度来说，我们真的还是要把孩子的身体跟精神的建设放在最重要的位置上。这对我们自己而言也是一样的。

有时候精神上的这种问题会困扰着我们，我们要努力去改变自己、肯定自己。这种自我改善肯定是最为重要的，我们要有意识地去调整，有时候也需要朋友之间的倾诉，有交流、宣泄的对象。当然写作，也是很重要的一种宣泄方式。我们现在因为优培计划重新聚集在一起，我特别希望大家有一种比较好的生命状态！也希望大家能够有更好的个人成长的方式，能够各方面都得到成长，生活得更为顺心！

由健康问题，谈到寿命规划

我家门口有个公园，叫温泉公园，离我家大概有一百米吧。那里几乎是我每天晚上都要去散步的地方，有时候白天去，大部分时间是晚上去。晚上去，唯一的遗憾就是这个公园太热闹了。唱红歌的有好多，有时候他们也不唱红歌，但是感觉他们唱歌的方式还是像唱红歌，就是扯开嗓子大声吼——哈，唱什么歌都像是红歌。

红歌有红歌的套路，基本上就是音乐老师说的白嗓子，扯开嗓子唱。放声大唱，据说是有益于健康的，但是对他人来说，听这种"有益于健康"的歌是一种非常痛苦的感受。当然公园里不止有唱红歌的，还有各种跳舞的，五花八门。我的朋友陈文芳也住在附近，据他说，这些跳舞的、唱歌的，还有流派，还有一些带有宗教色彩。我是无心去观察，但是唱歌、跳舞放的音乐，那是真的太吵、太闹，让人受不了。

当然，公园里也有像我这样快步走的人，也有慢跑的人。跑步的人，总的说是比较少的，因为晚上这个时间，大部分是上了一定年纪的人，在这个公园里走来走去，年轻人比较少。这个公园的人太多，大概也不适合年轻人谈恋爱，所以这个公园几乎就是中老年人的公园。从这个公园再过去一点，大概再走十分钟吧，有一座不高的山，叫金鸡山。这几年这座山也被修得很好。本来我家边上的温泉公园跟金鸡山的栈道是要连起来的，但是前几年一直没有修好，我看最近又在修了。我今天上午去了这座山，在公园走了一下栈道，而后在上面的双龙寺吃了点素菜，然后再走回来。统计了一下，大概走了十公里吧。

其实天气暖和了，有些朋友也经常会问我：你运动吗？你经常运动吗？你能够保持有效的运动吗？在我孩子出生之前，我一直是一个比较瘦的人，但孩子出生以后就快速胖起来了，有时候觉得挺不好意思的。我尤其觉得自己以诗人自居，一个诗人长得很肥胖，这本身是很不道德的。哈，诗人就应该"为伊消得人憔悴"，有种悲怀的神情，还要有一副悲情的相貌才对。以前，我在博客上也嘲笑过水谷龙生（水谷龙生也是我们优培的学员），水谷龙生有一天晒了一张他在长城上的照片，我就跟他开玩笑说：难道我们国家这么贫困吗？因为水谷龙生看着太瘦了！当然，如果晒我的照片，可能大家就觉得这国家还是比较富足的。

怎么说呢，就是从二十世纪九十年代开始吧，我开始了一次缓慢的体重增加。当然，我也很害怕自己变成一个大胖子，特别是我的脑袋长这么大。到了冬天，衣服穿得比较多的时候，大家以为我又长胖了很多；到了夏天，总是有人夸，你最近好像瘦了。其实胖跟瘦，也没有跨越太大的幅度，不是说到冬天就胖了，到夏天就瘦了。我说这些，其实是觉得比胖瘦更重要的就是：我们需要保持自己对自己身体的一种敏感。

今天，我看电视节目中讲人的胃。说人的胃是人除了大脑之外，最敏感的地方。人生气了吃不下饭，这本身不仅有大脑的原因，还有胃的原因。一个人吃饱了饭，胃马上就有吃饱的反应传递到大脑。但是也有一些人在贫困的年代，因为太饥饿，所以总是觉得自己吃不饱，总是会多吃一点——其实从饥饿年代过来的人，除非天生、天然瘦，大部分都是容易长胖的。因为他总是希望能够吃得更饱一点，他对饥饿的恐惧，实在是太敏感了！

有一个问题就是：肥胖，不容易避免。还有另外一个问题，其实也蛮麻烦的，就是从困难年代过来的人，其实对身体不容易那么敏感。因为他们更容易扛得住，也就是所谓的更容易吃苦，更容易沉得住气，他们有一种内在的受难情结。有时候疲劳了也不休息，有时候身体扛不住了也要坚持，有时候生病了也觉得看不看病不要紧，能够扛得过去，这是一种情况。另外一种情况，就是说会比较容易心疼钱，不重视休息——花钱是不应该的，休息也是不应该的。我记得我岳父住院的时候（我岳父现在去世了），跟他住同一个房间的一位老人就是这样。每次生病都舍不得花钱看病，结果小病就变成大病，一条腿要锯掉，要花二十几万，另外一条腿可能也保不住。他的孩子（几个孩子年纪很大了）都很伤心，说我们其实给老人不少的钱，劝他看病，结果被老人骂，没办法，老人觉得自己扛得住，现在扛不住了，也没有后悔药可吃了。

实际上，我们对我们身体状况的这种在意程度、敏感程度，都跟我们的传统文化价值观念有很大关系，当然，也跟我们成长的环境有很大的关系。我们的民族，确实有很深的饥饿恐惧症。因为我们从苦难中走过来，历经太多的痛苦，所以我们对苦难本身有时候体会太深，深入骨髓，好像我们总是更容易接受"天将降大任于斯人也，必先苦其心志，劳其筋骨，饿其体肤"这一类的价值观。

其实，我们始终需要有另外一种思考，那就是对生命更敏感、更在意。有更强的生命健康意识，有指向"身体第一"的生活方式、思考方式，包括处置工作、处置其他问题的方式。我这些年经常会讲，人人都需要有一个寿命规划，你不仅要有成长规划，还需要有一个寿命规划，活得更长寿、更健康、更快乐。这是一种幸福观，我们需要有这样一种幸福观。

今天正好有一个老师跟我聊天，讲学校一些工作外的事情，他周末又要跟着校长去另外一个学校出差，很无奈。其实我早就注意到他们的学校了，这所学校经常让老师们加班，周末加班、晚上加班，几乎成了常态化的事情。我以前也碰到过浙江的一个校长，经常在自己的微信里赞美加班的老师——我看到真是很难过！当然，我不能干预学校的事情，只能眼不见为净吧，我就不再看他的微信了。其实很多校长都是这样的：希望自己的学校迅速成为名校，自己成为名校长，所以要参加各种比赛，希望都得奖，引人瞩目、胜人一筹……我今天还要说到另外一个观点，这个观点可能会让一些校长不太认同——

比如说一个校长，到五十岁左右这个年龄，你基本是没有什么后顾之忧了，你的孩子也长大了，但是你学校的那些普通老师，其实孩子都还很小，家庭负担是很重的，家务负担也很重，他们的生活方式跟五十多岁的人是很不一样的。所以，校长到了这个年龄，你觉得最美好的事情就是在学校工作，最快乐的事情就是在学校里折腾出成绩来，最荣耀的事情就是在各种评比中又胜人一筹。但是，你的老师们都是捆绑在这个战车上的人，他们不情愿，但该怎么办呢？今天和我聊天的老师，也这么问我。当然，我也没什么办法，只能安慰他几句。然后我又想，这位老师现在也是学校的中层领导，有一天他也会成为校长的——真的，当他成为校长的时候，我希望他不要忘了自己曾经受过的苦难，不要重蹈覆辙，不要像老校长那样：好不容易熬到校长，我一定要出个名吧？然后就这样一代一代传承下去。

今天的话题似乎有些怪，从老师们的健康说到校长，对老师来说，在某种意义上，有些校长就是我们健康的大敌，是吧？当然，有很多校长，不会这样想。他会觉得，一个好校长等于一所好学校，要让这个学校尽快好起来，他会忘记，学校好的时候，不要让老师衰了，不要让老师的健康毁了啊！我今天跟大家分享关于健康的思考，也祝福大家。当然，我们"优培"的成员，总会有人以后要当校长的，我们的成员中有谁会是校长呢？我觉得对自己的身体、对自己的生活，对他人的身体、对他人的生活都很在意，然后又特别有爱心、有善心，这样的人当校长是很合适的。

在落寞的生活常态里， 发出自己的光亮 |

　　昨天在深圳第二外国语学校，为赵坡的深圳名班主任工作室的成员讲课。赵坡现在很厉害，是深圳名班主任工作室的主持人。昨天也是我第一次见到赵坡，我也不知道怎么搞的，我原来总觉得我见过赵坡。但是赵坡后来确认，我们是第一次见面。

　　难道以前我见到的是假的赵坡？不过，我印象里，赵坡是一个比较瘦的小伙子。可能是见到了这样的照片，印象比较深吧。昨天见到的赵坡，比较壮实（讲课的时候，还调侃了他一下），他黝黑、壮实，看上去还有很深的乡村痕迹，虽然是一个很厉害的人——听他说，现在已经出了8本书，正准备出第9本。

　　我突然想到：我要是有机会能走进我们每一位优培成员的课堂或者学校，那真是很美好的事。去面对面地接触我们优培的兄弟姐妹们，看他们在课堂上上课的状态，应该是很美妙的。有时候近距离地观察，你会知晓更多的生命秘密。有一点比较重要，就是我来到学校以后，能够比较清晰地了解赵坡在学校的一些微妙的生存状态——活得不容易。其实一个人要想活出自己的状态是很难的，要想活得清澈见底也实在太难了。它有时是需要时间、需要阅历、需要自己生命的觉悟的。

我昨天讲课的时候讲到了《奶蜜盐》里的一个词：生物疤痕。当然，这个词赵坡会比较敏感一些。我这一代人，包括你们这一代人，成长的过程中都是有很多童年疤痕的。既然是疤痕，就是没有完全地痊愈，只是结疤了，只要轻轻一碰，就会疼痛起来。有时候没有触碰，也会隐隐作痛。同时，这个疤痕一直会在那里，生命再强大，疤痕也都在。夸张地说，有些严重的疤痕会成为我们生命里的某些思维方式。你会特别敏感，特别有意识地去避免触及它，避免它重新发作，避免它的疼痛重新被唤醒。

昨天晚上吃饭的时候，一位深圳的教研员说到童年时，说：哎哟，不能去回忆它，太苦了。这已经不是一个疤痕的问题了，是童年的创伤。创伤，就是面积大、伤害深、伤害时间持久。其实，童年的很多创伤会影响我们一生的发展，这里包括我们的思维、处事的方式、对某些问题的态度，也影响到我们生命里某些"抵抗"的方式。有些疤痕，会使我们变得更为敏感、易怒，会有条件反射似的对某种情形的特别强烈的情感方式。这是我昨天讲到的，赵坡表示了强烈的共鸣。这个强烈的共鸣，肯定跟他的童年有关系。我们大部分人的童年都不好。

昨天我还讲到另外一个词：文化创伤。文化创伤，不仅仅是个体性的，而且是一代人的。这几天，大家都注意到网络上谈到衡水中学在浙江办分校的事情，沸沸扬扬。我们对衡水的恐惧中，是有一代人的文化创伤的。应试教育，即使是成功者回味成功的时候，有的人当然会感激，因其没被阶层固化，获得了阶层升迁的机会，人生从此改变了。但是这种改变，并没有把他的文化创伤给治愈了。这个改变的过程，实际上是文化创伤发生的过程。我们对考试的恐惧，会伴随我们一生。考试恐惧的背后，有对权力的恐惧，对失败的恐惧，对宰制着我们生活的某些强大力量的恐惧……这些恐惧，会关联在一起。

当然，文化创伤不仅是教育方面的文化创伤。简单地说，像我也是经历过"文化大革命"的人，为什么对广场舞那种强大而热烈的群众场面都怀着深深的畏惧感？实际上，对整个中国人来说，这样一个文化创伤是很难治愈的，它需要非常漫长的时间。其实，它不会在一个人身上结束，不会在一个人身上完成，而是需要好几代人，慢慢治愈。

你到我们的学校，会发现学校在很大程度上，主要是为考试服务的。所以在学校里，师生们不再过"读书人"的生活，很多人都是在经历考试的生活，为各种各样考试做准备的生活，为各种各样考试进行操练的生活。统领并歌颂这一切的，我认为是文化意义上的野蛮人。教育中，我们自己的生命在某种程度上，是没被文化洗礼的，没被文化所真正润泽的，没被文化所真正改写的。

我相信赵坡，还有很多老师，在生活处境里都有种落寞感。其实，落寞感是一种常态的东西，有时我们对落寞也不必过于敏感。也就是说，还是要从一些细微的地方做起，跟身边的人分享，跟亲近的人分享，跟志趣上有共通之处的人分享——分享自己从阅读里得到的某些美好的体验，从阅读里获得的更好的认知，以及从阅读里得到的生命的滋润，用越细致、越日常化的方式跟身边的一些人分享，这都是很有意义的救赎方式。

在我们的社会生活里，我甚至连挫折感、挫败感都没有了，因为你抱了强烈的希望才会有挫败，你有很多更好的期许才会有挫折感。我把很多状态看成是一个常态，我们就是生活在这里面，这一切都不是我们作为个人所能够改变的。当然，个人还是能够发出自己的微弱的光亮的。首先做到自己身上有这样的光亮，让这光亮能照见自己的路，这就挺好的了。

开启你的生命叙事，和艰辛达成和解

我认识的一位朋友（有将近二十年的交情了），我们的关系一直很好，每次见面时都会聊很多，聊得也很深入。但是让我很惊讶的是，大概在前几年我在他老家见到了他的一位中学同学，这位同学告诉我，我的朋友还有一位双胞胎的哥哥。我当时听了，非常惊讶。

说实在的，一般人有一个双胞胎兄弟，只要是朋友，都会很快就把这个消息告诉他人的，这不像你家里有几个兄弟姐妹这事这么简单，有双胞胎哥哥是很特殊的。我认识不少有双胞胎兄弟姐妹的，我们第一次见面他们就会告诉我有一个双胞胎兄弟或者有双胞胎姐妹。但是我的这位朋友始终没跟我说过。

他怎么藏得这么深啊？

我后来想：是什么原因呢？他几乎什么事情都愿意跟我说，但为什么不想告诉我他有个双胞胎哥哥。以前他还跟我说过，在经济上，他对他家人，包括对兄弟有所资助，有所支持。

其实我这位朋友跟我聊天时，很少聊到自己的童年，也就是他基本上没有童年叙事，看他写的文章，看不到太多的生活场景，看不到他生活中的细节。所以我只知道他是一个特别有天分的人，书读得很不错，写了很多的著作。但我就是不知道他童年是一个什么样的成长状态，童年有哪些东西使得他不太愿意去触及，不太愿意跟人分享。反正，他肯定有他的理由。

在我看来，是不是有某些童年的影响使得他这样？或者说他跟童年没有达成某种真正的和解。我姑且认为童年有某些地方对他成长有重要的影响，或者说让他遭受了重要的挫折，或者有某种深刻的经历。不管什么样，最需要跟朋友分享的童年的经历，他从未触及。

他还有一个特点，和我不太一样。比如说我讲课的时候，在我的表述里我有时像一个有思想的"小丑"，我会调侃自己，会自嘲，会把自己很多的弱点、很多的不足，很多的要克服的东西，直截了当说出来。我这位尊敬的朋友，他生命里面好像全部都是骨头、骨架，都是"坚硬"的东西，都是深刻的思想，很少有这些像我一样的细节。

当然，他的表述也跟我不一样，他更加学者化，我可能会用诗人、作家的方式来谈教育。人的风格会有所不同，但是一个人跟亲近的朋友之间总是会交换一些美妙的经历。所谓美妙的经历，就是即使有些不为外人道，但是跟亲近的人会和盘托出的，有时是旁敲侧击也要有所透露的。但我的这位朋友，把他的双胞胎兄弟藏得很深。

上次我见到他的时候，我直截了当地问他：你有个双胞胎哥哥？然后，他简单地叙述了一下这个哥哥的一些状况。他谈了一个观点：对任何一个人来说，他总是有自己的命，从根本的地方说，你也帮不上他的忙。他说，他的那个哥哥目前某些处境不是很好，所以他也比较达观地去理解兄弟之间的这种处境。

其实，生命叙事里最重要的东西，如果它是痛的话，你也得说出来。就算再痛，你都得通过自己的方式进行治疗。而说出来，本身就是一种治疗的方式，我刚才说到了和解。当你说出来的时候，某种意义上说，和解已经产生了，我也是在这种不断的叙事过程中达成了对自己生命的一种和解，一种生命的理解，生命的妥协。这不是一步就实现的，这也不是一次就能说出的，它真的是自己成长的一个漫长的过程。当一切都能说出来的时候，其实有一种生命"站起来"的勇气，就是证明你可以去担当这一切了。

从生命叙事来说，它最重要的当然并不是"我只是为了说故事""我只是把自己的隐私与你分享""我只是夺人眼球，取悦他人"，最重要的不是在这里。

人，确实都是有命运感的。这个命运感，不管你怎么去理解它，它都在帮助你，也可能都在限制你，最后当你直面它的时候，它也在成全你。这种成全，使得你生命有自主的力量，有从容感，当你回味生命过往中的那些细节的时候，有时充满了温暖、柔软的感觉。当然，有时候也会很心疼自己。我现在就不太心疼自己了。也就是说，可怜、自怜自艾这一类的感觉越来越少了。也可能是因为你强大了，你不需要给自己找某种温暖，你现在更需要的是一种责任，是一种承担，是一种付出。此时，那些挫折、伤害，或者生命里的匮乏，生命里无法超越的局限，它都会有一种很自然的转化，转化成属于"你的"东西，只有你拥有它，才能获得生命的一种财富，是生命中独一无二的、属于你的一种精神财富。

今天再谈生命叙事这个话题，呼应了我们优培计划一开始就要求大家一起做的一件事情，就是要写自己的成长自传，写自己的阅读经历，写自己的教学生涯，写自己生命中重要的时刻、重要的事件、重要的人物。这样的写作，我相信你们也会觉得是美好的，也是值得继续下去的。

给困境寻找一个答案

昨天晚上，我的一位朋友给我发了一长段信息，谈到自己精神上的困顿。他的精神困顿，不是纯粹精神性的，说实在的，我看完以后，一时也无语，到现在还没做出回应来。

我这朋友是位乡村教师，我认识他也有十几年了。最早的时候我在编刊物，读他的稿子，读他的文章。认识之后，我们组织的写作活动，他也参与了。我记得第一次见到他和他儿子的时候，印象非常深刻，那次是在厦门的同安第一实验小学召开"生命化教育"研讨活动。那天报到的时候，他带着还在读小学（好像二年级）的儿子向我走过来。后来，我就跟他谈到，那天我看到他俩的神情太相像了。我朋友的神情有点愁苦，他的孩子的神情跟他父亲非常相像。我就特别提醒他：希望他给儿子注入更多生命的热情，给儿子更多积极的推动。我不希望一个孩子这么小，就从父亲身上、从家庭、从生活中感受到人生的各种难以挣脱的贫困与无助。

当然，这对他来说是有挑战的，尤其是作为一个乡村教师，越是有思想，越会感到挣脱人生精神方面困境的艰难。他是比较重视教育，重视与孩子的交流，重视与孩子精神上的互动的。

有一天，我突然接到他的短信，询问哪里医院的骨科比较好？我比较警觉，问他到底有什么事情。他说，孩子在当地的医院被确诊患了骨癌。我很震惊，后来就联系了赵赵，因为赵赵学校有个老师的孩子也得了骨癌，找到了一个在北京的医生，说是亚洲最厉害的骨科医生。赵赵特别热心，当天晚上就为他联系上了这个医生。后来，孩子也到了北京，就在那家医院治疗，我也一直关注着孩子具体的治疗进展。

我到他县里讲课，还特地跟他相约见了一面。他告诉我，孩子治疗效果还不错。但是，那天我看他的神情很沉重，并不像他所说的治疗结果给他带来了喜悦和信心。没多久，就得到消息：他的孩子去世了。他不愿意告诉我孩子真实的情况，这真的是一件很让人难过的事情。大概过了一年多，他生了一个女儿，没想到命运再一次给他沉重的打击，孩子生下没多久，就被诊断患上了唐氏综合征。

我们可能会说，他们夫妻俩还没真正从痛苦中挣扎出来，从孕育来说，精神、身体的准备都是不够的，没有充分的调整，可能也是导致女儿患病的一个原因。但是，现在再去探讨这一切，确实已经没有意义了。有时候我在想：人真是各有命运，几乎所有的人从出生伊始，就在命运这一大的格局里。你会遇上什么样的问题，你有哪些麻烦，包括精神、智力各方面的，有时我们真的意想不到。但是对于这么好的朋友，你想安慰他，有时也会感觉到是件很困难的事情，语言是很苍白的。

我记得多年前有位先生跟我聊到福建的一位老教授晚年丧子（且只有这么一个儿子），他去他家慰问的时候，他说真的不知道说什么好，你不能跟他说"你不要难过"，甚至你也没办法说"节哀顺便"，所以这位先生说道，当时只能有力地握了一下他的手，拍了拍他的肩膀。人生有很多困难的时候，无论是自己的困难，还是他人的困难，还是你看到与你无关，但是跟生命有关的各种灾难的时候，心里都会感到很忧伤。

人生很多不幸，我们只能认为它真的是一种命运的安排。也就是，在这种命运的格局中，你相信命运，命运领着你走；你不相信命运，命运推着你走。生命，有时是很软弱的；生命，有时免不了是很忧伤的。

　　我又想到另外一个问题。我曾经看过一篇文章，一个华裔人士有一位朋友，朋友的孩子极其优秀，但有一天不小心溺水身亡了。他去参加孩子的追悼会，开始在想：他的朋友肯定悲痛欲绝吧。但是，让他惊讶的是，葬礼是很安详的，甚至有点淡淡的喜悦。这位父亲是虔诚的基督徒，他认为，所有的人是有天命的，由上帝安排的。上帝一定认为，这孩子有一种最好的安排，他信从这样的安排。当然，没有这种宗教信仰的人是很难理解的。我也参加过不同的葬礼，包括佛教徒的、基督徒的、天主教徒的，总的感觉，信仰是一种巨大的力量，信仰也是特别美好的慰藉。

　　昨天我还在想，我们的软弱，实际上也跟我们没有强大的精神支持有一定关系。当然，人总是有自己的一种处境，有自己的一些命运安排，有自己的一种面对困境的方式。我确实没办法跟我这位朋友说，"你去信上帝吧""你去信佛吧"……我没办法这样说。我甚至感觉到，我怎么跟他讨论也都很困难。

　　我想到一个更现实的问题就是：我们到底是为什么活着？为孩子活着是一种很重要的活着的方式，当然，我们还为自己活着，我们还会为寻找意义而活着，我们还会为人类的更高尚的、更有正义的事业而活着。越是沉重而复杂的话题，有时可能要在两三个人面对面的一种氛围里，我们亲切地、细致地做具体的交谈，这样会比较合适一些。如果在微信里这么说，它就显得有点生硬，甚至有点粗鲁，或者不近人情。所以，我也感觉到了一种言说的困难，我希望我的朋友今年夏天的时候（7月21日），能够到厦门参加我们的第三届"教育行走"活动，在这样一种亲切的氛围中，我能跟他有一些深人的交谈。

其实各种各样的困境，几乎每一个人都会遇到，人生有时就是一种"尴尬"，我说的"尴尬"不是指情绪性的尴尬，而是人生有时候确实有些问题是很难找到答案的，因为答案在各种极其错综复杂的情境之中。

对生命的终极思考，会改变什么？

　　最近经常会在半夜两三点的时候醒来，然后就迷迷瞪瞪的，这个时间我会想一些问题，但心情经常比较沉重。有些白天避免思考的问题，这个时候会很强烈地进入脑海，我想回避的一些人生的重大问题，这个时候会非常清晰地逼迫着我要去面对它。

　　当然，这个时间是不适合思考的，这个时间思考也是不能解决问题的，但是它会带给你某种情绪。我有时候想，如果睡着了，心情就好很多了。所以，首先想到的还是尽快地睡着吧。

　　其实，所谓的人生的这些重大问题，在这个时代，我们人生很多的处境是很一致的，我们有共同的生存背景，有共同面对的最基本的问题，这些问题，你反反复复地想，都不可能解决。你反反复复想过之后，它还会重新再来。一方面，其中有一些问题会比较棘手，比如你明天要做的事，你要承担的责任，或者说已经约好的要讲的课……都会让你纠结。一件事情没有完成之前，都始终让你纠结。另一方面，人生好像又没有什么事情能够一次性解决，就像以前看过的一篇文章里说的，"要解决就是睡着了"，最终睡着了才能解决最根本的问题，所以人生本身就是一种应对。

　　换一个角度来说，有时当你想到所有人都需要面对人生的各种困境、困难与具体的任务时，你又会有种释怀——我并不是特殊的人，上帝也没有对我过于苛刻。另一方面，它又有个人性的东西。这种个人性的东西，实际上是每一个人的成长，每一个人所思虑的新目标，每一个人希望自己能够达成的可能性……它有不一样的东西，但所有的这一切，其实也都是所有人命运的一部分，是所有人处境的一部分，是所有人成其为人必须的、必然的现实，没有谁可以逃脱得过去。

不过，生命又有它自己的节律，或者说，肉体总是有自己的特殊的时钟。比如说，你感到有点忧伤，这个忧伤始终不是贯穿的，或者说，某种特殊的忧伤是在特殊的时刻出现的，这就像精神的生理期一样，人总有那么几天，总有那么一阵子，总有那么一个时刻，会莫名地出现坏情绪。尽管个体有差异，但个体的差异只会体现在强烈的程度上，时间的长短上，所造成的精神困扰的状况强弱上。有时候，我也会用这样的方式从忧伤的境地里去收回自己，把自己放到一个普遍的处境下。

我记得有次在西安讲课，谈到了"为什么人更容易记住人生的痛苦"。人所面对的最大的困境，就是生命是必死的，这是所有一切痛苦的源头，向死而生。我们每天都知道，我们朝着这个终极目标又进一步了。当然，对这个问题的思考转化，就是想想时间里的所有一切，终将归于虚无。如果要说转化的话，就是它要转化出活着的意义、活着的价值，包括活出更丰富、更精彩的体验。

也可能，人与人之间的差别恰恰不在于有人可以不死（尽管某些所谓的伟人会经常有这种幻觉，他可以活着，"万岁万万岁"），那终究是一个幻觉。活在当下，及时享乐，它一定也是人类很自然的一种对待生命的方式和态度。当然，可能更美好的就是——活着，不仅是为自己而活，也是为他人而活，生命作为一种传承，既是一种爱的传承，也是一种力量（尤其是精神力量）的传承。人，成为人类共同体中精神传承的一部分，成为美好的一个中介。所有的人，都是"桥"。

有人说：你为什么要把那么多问题都想清楚呢？想清楚不是会更痛苦吗？我觉得，其实想清楚了，想透彻了，就会有一种澄明，有一种生命的透彻与清明，实际上你就会有种从容感，这种从容感也可能为你最后的死亡做一种充分的精神准备。你可以比较从容、比较自然，甚至比较喜乐地去拥抱生命中终究要到来的一切。

我以前说自己是一个"乐观的悲观主义者"，其实从生命的大端而言，几乎人人都是一个悲观主义者。从中国具体的存在现实而言，我们也难免会陷入更深的悲观，但是每一天要努力、积极地活着，（就现在的我来说）要努力成为一个更安详、更慈悲、更有包容力的人，这是我的一个追求。

善养浩然之气

　　2017 年 5 月 26 日，我主编的《新父母教程》在北京要举行首发式。出版社希望能有一些名家在首发式上出现，算是给这套书鼓鼓气吧。我邀请了朱小蔓老师，朱老师给我回复：这阵子身体欠安，不能到场。一方面，祝贺我终于做成了这件事；另一方面，又表示了歉意。还跟我说：等有空的时候，会跟我通电话。

　　我开始想，通电话可能是朱老师的一个客气话吧。没想到，她昨天真的给我打电话了，这让我很惊喜。朱老师在电话里告诉我：去年，她旧病复发，现在还在治疗阶段，所以很多的活动，现在都不能参加了，说上半个小时的话，就会觉得身体虚弱得不行。前两年，她已经把博士生导师这个工作给停了，也就是不再招博士生了。电话里，她也跟我说起了现在带博士生的辛劳，不仅是带的过程比较辛劳，博士生的毕业论文的评审也让她特别操劳。现在实行的是匿名评审，如果得到的是一个不能通过的评定，就得很费心地指导学生重写。另外，现在大学委托的都是评审中介机构，所以作为人文学科，有时标准就不好确立，很难说完全公允，也难以有一个比较可靠的评议意见，她觉得压力很大。八年前，她得了这个病，治疗情况挺好的。她说这几年不够重视，觉得自己身体状况还比较好。

我第一次见到她，是在香港教育学会召开的生命教育的论坛上，这之前我从未见过她。那天，在就餐的时候，她一进餐厅就向别人打听：诶，听说张文质老师也来了，在哪里呀？说实在的，她这样一个万众瞩目的学者，又身居高位，当时刚从中央教科所所长的位置上退下来，这么主动打听我，我感到很惊讶。后来就跟朱老师聊天，她说，她一直在关注我做的工作。我说：你在中央教科所的时候，我也从来没申报过课题……暗含的意思是，对你的工作没有表示支持。没想到她说：诶，你不需要做课题，你做你自己的；你也不需要别人来证明你，给你平台；你现在有了自己的平台，你的声音也已经很大了。

　　我觉得，这是她对我的鼓励吧。

　　后来在会场上听了她的报告，我感到很会心，有一种强烈的共鸣。首先是她谦和的态度，同时又有坚定的学术立场，表达得也特别精彩，这是我对她一个极为良好的印象。回来之后，这么多年过去了，其实也都没有联系，只是后来互加了微信。

　　2015年，我为苏州教育局编写家庭教育教材，在启动苏州家庭教育课程化研究项目的时候，朱老师也到场了，又做了一场报告。怎么说呢？我也感觉到她身体不是很好，声音比以前弱了很多，气力有点衰老。报告本身还是很精彩的，对家庭教育的理解，给大家很多启迪。但因为她赶着去参加陶行知研究会的一个活动，所以我们也没有更多的交谈。

　　从生命来说，我谈到五十多岁的人生命的一种转折，到了六七十岁，生命自然步入了衰老期，可能很多疾病也来了。疾病，本身就是衰老的标志。当然，有时候是突变，有时候是顺变——就是自然而然的身体衰弱、疾病缠身，有的是疾病丛生。

　　中国的很多学者，都特别的忙碌。这忙碌里，有的是专注于学术，但也可能是在我们这种社会格局里，有会议、公务，参与的琐碎的工作太多，这些都会影响他们的身体，干扰他们对学术的专注力。

怎么说呢？人生有时候总需要割舍，割舍是最难的。昨天，朱老师还跟我说，她把陶行知研究会的会长职务也辞了。虽然是研究机构的公务，但她也无力承担。呵呵，她还说得更直接一点，现在"保命第一"。她的话也令我深思。

我在想，"保命第一"并不是我们生病之后说"保命第一"，平时我们活着，就需要有很强的"保命"意识。我会更正面地看待生命，不仅仅为了活着，还要始终不忘"养精蓄锐"。古人讲"养浩然之气"，人需要有从容的时间，需要有休憩与调整的时间。

当然，更为重要的就是，对待俗物、俗名，能够泰然处之，这个很重要。所以，我们要更健康地活着，要健康而又长寿，从容而又淡定。所做之事有所值，但不止于获得功名，那肯定是一件极其美妙的事情。

寻找心灵的导师

这些年，我谈到教师的专业成长的话题，经常都会提到：我们要去找一个我们自己的老师。

以前我谈到过一个观点，有时候是我们去找我们的老师，有时候是我们被我们的老师所找到，而成为他的学生，成了他的追随者。当然，主要的还是我们自己要去找我们的老师。我也说到，有可能身边的老师原来就比较熟悉，也跟他学了很多东西，如果需要一个精神上更开阔、更深刻，对自己的生命成长和专业成长更有意义的老师，一定是要费心去找的。也许，他并不在你的身边，甚至有的是历史上的某一个人物。我们要重新发现，发现他的某种跟自己特别契合的精神力量，或者深刻的洞见力。

记得好多年前，我陪同福建电视台的记者一起去采访一位福建的作家。记者询问作家：对自己影响最大的诗人是谁？这位作家的答案非常让我惊奇，他说："我主要向二流作家学习。"因为一流的作家都是真正的天才，天才既无来处也无去处，是天生如此的，是根本不能学会的——也许可以借鉴一些他的表面技法，但未必能学，未必真正可以模仿。这位作家认为，跟自己才学相近的，往往都是一些二流作家。比如他提到了一位西班牙儿童文学作家，他说他一直向这位西班牙作家学习。虽然他就这么一句话，但还是给我很大的惊奇感。

说实在的，我们说向谁学的时候，常常会找出一个伟大的人物来，这样我们好像也变得"高大上"起来，但这位老诗人、老作家，我们采访他的时候他已经八十多岁了，他居然说只是向二流的作家学习。他很坦诚，说的是肺腑之言，也不掩饰自己。他对自己的评价让人钦佩。

我们可以学的，可能是这些历史上的人物。有时，虽然远隔时空，但是能够让我们会心的、真正能够引领我们生命产生化学反应的作家、诗人、思想者、哲人，或者是伟大的教师等。能找到他们，真是一件很美妙的事情。也可能，我们真正的老师是在远方的。远方不仅有诗，远方也有我们真正的老师。

我提到老师，首先会想到我的老师，我精神成长上最为重要的一个老师。有不少朋友都知道，因为我在很多文章和讲课里都提到过——黄克剑先生。我认识黄克剑老师是很偶然的，我完全不知道他那个时候是在福建社科院工作。我只是在八十年代的杂志上读过他的学术随笔，但不知他就在我的身边。

大概 1989 年秋天，我一个在上海的朋友因种种原因回到了福州，我去看望他。那天，我这位朋友带我去另外一个朋友家，正好遇见了黄克剑先生。那时候，黄老师还很年轻，四十多岁。我印象很深，他当时穿着西装（后来很少看到他穿西装），系着领带，打扮得整整齐齐，仪表堂堂。八十年代有一种"精英"的说法，我心里就有这种感觉，他真是一个思想的精英，也可以说是一个思想界的才俊吧。这就是我们第一次见面。

第一次见面之后，好几年都没见过，只是我知道他在福州。

又过了两三年，我的一位校友从华东师大回到福州，那时与我交往甚密。有一天，他去我家，跟我说：晚上要去参加一个哲学学习小组的活动，而后匆匆忙忙就走了。当时，我很惊讶，福州居然有一个哲学学习小组？有点出乎我意料。我的校友跟着一些朋友一起在读哲学，但我并不是一个好奇心强的人，听过也就算了。

有一天，我到福建师大跟朋友吃饭，给师大的一个朋友打电话，他说：你来吧，今天晚上正好黄克剑老师也会来，我们一群人跟他有个学术聚会。然后，我就去了。一看，我的校友也在这里面，原来我校友所参加的就是黄克剑老师的哲学学习小组，是黄老师给我们上课。我准备不足，完全是误打误撞进入了这个团体，而且是带着碰巧遇上就参加的学习心态。

结果没想到，黄老师一见到我，就说：我们的团队人员又增加了，增加了一个诗人，文质是个诗人。黄老师一下把我拉到了这个团队里，现在想起来，那真是一个非常幸运的时刻。

九十年代，说实在的，要找一个聚会的场所是很困难的。当时聚会的场所是福建师大两位外语系研究生租借的农民的宿舍，非常简陋，屋里什么都没有，仅有的桌子也是学校里的一张破桌子，凳子是硬板凳。黄老师跟我们讲了一个晚上的哲学课，我们喝着粗茶，泡了一大罐，没有小杯子，大家轮着喝。我有几个朋友抽烟抽得厉害，一屋子都是浓浓的烟味。我其实一直比较怕烟，回去后，马上要把衣服脱了扔到洗衣机里，马上洗澡，把烟味洗掉。

就在这么一个简陋的环境里，黄老师经常给我们讲一个晚上的课，有时讲到早晨四五点钟。那时，我们都是骑自行车去，黄老师骑到福建师大要四十分钟左右，我从我的住处骑到福建师大要一个多小时，而后早上四五点又从师大骑车回来，真是饥肠辘辘。回来后，在床铺上躺一会儿，就得起来上班了。后来，就得起来送孩子上学了。这真是让我精疲力竭，不过那时比较年轻，还能扛得住。

我对教育的使命感是在这样的学习与对话中慢慢形成的，说实话，过了好多年我往回看、往回思考的时候，才理解到，遇见黄克剑老师是一件多么幸运的事情。也许，这就是上天对我的最大的一种眷顾。

生命的线索：

人生境界提升与专业成长

人获得知识、获得见解的方式是多种多样的，在这个过程中，始终保持对自己的一种激励与警省，保持有意识的、自觉的一种生命的转化与改善，也许是最为重要的。

及时升级你的生命"版本"

我们优培计划又重新启动了，这是件好事。我们 2010 年"开张"，然后停了几年，我也知道这几年里有不少老师挺怀念优培的日子。优培的日子，对你们来说，也许是一段意味深长的岁月。下面是垦利县第二实验小学的武玉丽老师，在 2013 年优培结束时写的一段文字，想必参加过的老师们，都有相似的感悟吧？

从春天开始，在春天结束。一种结束也便意味着另一种开始。初入优培的激动与期待依然清晰如昨。今日却已是即将迈出，几多留恋，几多感叹，几多失落，更多的则是辗转后的继续前行。

优培两年，时间很长亦很短。初入优培，便有了一种找到家的亲切，这里有我的导师——夏昆。他不仅给予了我文字的指导，而且从他身上我明白了很多做老师的职责，看到了一种教育的希望。这里有我的同学，他们各有所长，我每天都会在他们的文字里汲取营养，让自己心里的阳光愈来愈亮。一个内心没有阳光的人势必会给学生带来阴影，于是我努力做一个内心充满阳光的老师，也努力成为在孩子的心灵之田种植阳光的人。

优培里有文质老师，于我来说他给予我更多的是一种无言的支撑。迷茫中我看到了闪闪星光，彷徨中我在这里寻到一种安然。夏天的溧阳之行更让我明白：教育的土壤里还盛开着一朵朵如此坚强而纯洁的花，不为名不为利，只因为喜爱，只因为我们还有一个共同的梦！行走，风雨无阻，行走，义无反顾，一直愿意相信，也一直坚信，阳光就在前方！

当然，2017年我们优培又重新集结也不是我心血来潮，突然拍一下脑袋说："我们集结吧。"其实，我也一直在思考，有时候做一件事情需要有一些机缘巧合，碰到某些契机吧，就像我们优培计划一样。当然，优培计划原来所期待的并没有那么多，但是没想到优培计划还是成就了各位的研究、写作与阅读生活，这是预想不到的精彩。还有一点也很精彩，就是我们天南海北的朋友，在虚拟的空间中聚集在一起，哈，就形成了这种空间中的一种同学关系，有了一种同学的情谊，我们形成了——可以称之为"思想的共同体"。所以，我一直在想一个问题：有时候松散的思想共同体比紧密的思想共同体可能还要好一些。当然，前提都在于它是非利益的、非强迫的、志愿者的，有一种生命自发的热情的交往方式，这才能创造出精彩。就像我跟"1+1"读书俱乐部的朋友所说的那样，大家可以共同研究、各自发展，也可以各自研究、共同发展，这其实都是挺美妙的。

我也看到了我们各位从2010年之后到现在，在个人的写作、研究、教师工作等方面的成长上，都有了或多或少的可喜变化。真可以这么说，把我们很多老师单独列出来的时候，个个都是很精彩的。当然，今天我们优培成员继续聚集在一起，最重要的还是要再出发。

今天上午，我跟刚刚加入我们优培计划的钟杰老师有一个对话，这个对话的主题其实是我一直考虑的一个问题——实际上对所有人而言，都要定期升级，从1.0版要升级到2.0版，从2.0版要升级到3.0版！因为我们有时候喜欢在自己的舒适区（或者叫温柔乡），停留比较长的时间。哪怕从写作的角度也是这样，我们写我们最熟悉的东西，写我们最擅长的东西，写我们一直写的东西，因为写起来会得心应手，滔滔不绝……当然也可能写得很精彩，但是，也有可能是我们一直在重复着之前的"精彩"。

这种重复中包含着某种危险，有时候你可能会发现它以一种"平静"的状态存在，其实你不写作时也会有平静状态，你不阅读时，也会有平静状态，人生处处有各种各样的困境，平静也会成为困境之一种！但是另一方面，如果我们一直有这种对自我的自觉的提醒的话，平静可能就变成了转化我们危机的一种契机，"平静的危险"就转化为一种生机了。

我今天跟钟杰老师说，哪怕讲同一主题的课，我也总是希望自己能够有一个让它有新意的地方。比如说，新的思考的成果，新的展开的方式，新的见识与经验……我在讲述的时候，总是希望有一种新鲜的、临场的状态，这样新鲜的临场状态，本身就是自我挑战与自我激发。我说这些，想告诉你们的是我一直有比较强烈的升级意识——就是希望自己能够不断地调整，不断地改善，这个版本需要不断地更新。这几年，其实我的阅读已经缓慢了很多，我现在主张"慢读"，更多的时候是"细读"。其实比慢读、细读更慢的是保持持续的思考，这倒是我始终坚持的一种读书状态。

我刚才一边散步一边还在想，我们世上的很多知识与道理，有一些是我们可以读通的，读着读着就通了；有一些则是慢慢悟通的，读完慢慢地领悟、慢慢地思考，然后就通了。我想道理的获得其实还有一种方式——也许我还没有找到一个恰当的表达，姑且这么说吧：实际上有一些道理是我们在生命的场景中慢慢体验出来的，没有到达这个场景里，你是悟不到一些道理的，但是到了这个场景或者偶遇了这个场景，你会一下子豁然开朗，获得了一种奇妙的洞见力。所以，读书、感悟，它也是一个很慢的过程，甚至缓慢到跨越一生，或者一段很长的生命岁月。可以肯定的是，人获得知识、获得见解的方式是多种多样的，在这个过程中，始终保持对自己的一种激励与警省，保持有意识的、自觉的一种生命的转化与改善，也许是最为重要的。

"工匠精神" 的另一种解读

今天想跟大家聊一个话题——"工匠精神"。这几年，由于国家领导人对此也表述得比较充分，所以它成了一个热词。

我一直在想，工匠精神的核心到底是什么？提起工匠精神，有的人想到匠心，"工"就是工艺、手工，或者说工作，这当然是望文生义。我解释过"工匠精神"，它其实有两个方面的含义，一个是从"匠"的角度来说，它强调的是技术层面的东西。另一方面，工匠精神里面除了有技术层面的东西——既有匠的执着、精益求精、精到，也包含了一种创新，即艺术层面的东西。也就是说，工匠精神里既有一种秉持，又有一种再创造，工匠才会持续下去。

工匠精神，它含有一种守本的寓意，守本就是坚持它的核心技术，并代代相传。工匠精神，更核心的不是创造、不是突破、不是变革，而是坚持、坚守，守持、守护这个原则。当然，我刚才说的技艺层面的东西，也应在这个原则基础上有所进步、有所改善、有所变革，所以它内在含有某种进化的成分。

从工匠精神说到职业本分（职业本分也是我这些年一直强调的一个概念），这种顺延而来的逻辑，并不牵强，我在《教师的微革命》里谈到了一个概念：教师也是一个手艺人。我思考的问题就是，无论是手艺人、职业本分，还是工匠精神，它背后都有一个价值的核心，我把这个价值的核心看成是：只有秉持原则的人，才可以看作是一个具有专业精神的人。秉持他对世界、对人生，某种意义上的对待人事的基本立场。这样的基本立场，因为它是基于人性的东西，而不是基于具体的事件，所以它不会有太大的变化，不容易出现"见异思迁"，它成为一个人为人处世核心的原则，作为立事、立人根本的东西，要秉持的原则。

所谓的荣誉其实也是绳索，也是一种羁绊。在这个时代，对每个人来说，选择自己所要走的路，自己在这条路上如何做出取舍，这个任务只能由自己来完成。当我们走出来的时候，会从很多人身上照见自己、验证自己。当然，也可以对自己有一些新的刺激，或者一种新的提醒。

比如在福州，有很多有才华、非常执着、有工匠精神的一些诗人、艺术家，他们早早就选择了体制外的生活。跟他们见面谈到体制问题的时候，他们很平和，更能理解体制内的生态，也有包容力。他们更多地会说：其实每个人都不容易，每个人选择自己的生活方式都有自己的理由。就像经常被提到的，"看山已经不是山"。看山是山，看山不是山，看山又是山，他们已经走到第二种境界里去看体制的生活了。

生命的从容感很重要，但它需要有一定的物质保障，我这些朋友所得到的物质保障，都是身体力行靠自己的劳作所得，某种意义上也可以说他们过着更为干净的生活——他们不要为生活去说假话，去做骗人的事情，不用委屈自己，更不用卑躬屈膝。慢慢地，他也就能更为达观地理解周遭复杂的生活形态。有这些朋友在我身边，我也经常受他们的触动和影响。今天正好有位老先生和我一起谈校长的课程的问题，这个老先生就是很传统的福州人。他退休以后给自己定了一个规矩：不做任何跟钱有关（收费性）的工作。他有几个原则：第一，不在自己不熟悉的领域做事情；第二，不为体制去做一些他原来就不愿意做，但是在当时不得不做，现在可以彻底不做的事情；第三，不做跟钱有关的事情，即使是帮人家的忙，也不要跟钱有关。我感慨说，他是比较典型的、传统的福州人：一方面手艺很高明，另一方面原则性非常强。

这个原则性就是不容易受诱惑，不容易受各种各样的影响，或者是形势有所变化，他就随之改变。福州传统文化中是有这样的人的：一方面很温和，很忠厚；但另一方面原则性非常强。但是他跟人交往的时候不是先把原则摆出来，不是把姿态摆出来，而是跟什么人都可以交往，但是在交往的过程中，他是有原则的，在关键的问题上才要拿出原则，在原则性的问题上，他的态度是一直没有变化的。

其实，我跟老先生十几年前也见过面，然后这么多年始终没有跟他见面。今天他说：虽然我们没有见面，但我们两个人的某些情感不会因为见面次数少而有所减弱——哈，这话说得情意绵绵，而且是在两个老年男人之间多年以后见面说的，很让人感动。套用香港电影里面一句台词：这么感动的话已经好久没有听到啦！当然，我们要做一些事情，并且很希望他能够支持。他说：可以支持，但是不会用一种介入式的，全程介入式的支持，也不会因为给什么报酬才来支持，而是要考虑自己是否感兴趣，是否有能力、有时间来关注。他的这个态度，很让人感动！这老派的人啊，你会发现他非常有魅力，老一代人的魅力。旧人，说的是旧词，旧词背后是旧的思想、旧的原则，其实，这些恰恰是他安身立命的金科玉律。

他说现在最大的乐趣是什么呢？就是每年有一次国内的旅游，一次国外的旅游，然后平时闲下来就看看书，写写毛笔字。他说，他的毛笔字原来写得就不错，但是他从不参赛、从不评奖、从不赠送——这个老派的人啊，你看每一件事情，他都有非常成熟的原则。所以我说，这样的人才是真正的专业人士。不管你认同不认同，他自己把自己活成了一格，属于他的那一格吧。

今天和大家谈这个观点，比如说做一个教师如果没有对这个职业本身的热爱，这个教师是无法真正立身的，而且这个教师也是很难有职业幸福感的。我父亲跟我说过，我的爷爷曾经办过私塾。我爷爷去世得特别早，所以我不可能跟他有任何的交集。但我父亲只言片语提到我爷爷办私塾、做老师（应该叫先生）。我父亲说到，有人向我爷爷告状，说：先生都用戒尺，用戒尺来惩罚那些不认真、不听话、捣蛋的孩子，你为什么都不打你自己的孩子？我父亲很骄傲地说，他表现是非常好的。

我曾经谈到过戒尺的价值，戒尺的"戒"，它本身是一种警醒，也是一种惩罚。而且人身上唯一能够经受打的，就是手掌，古人还是有道理的，我们在此也不展开谈。

我展开谈的，就是从某种意义上说，私塾先生、私塾老师是有工匠精神的，也就是说，教书真的是他的志业。所谓的志业，更重要的是他自己选择的，既是养家糊口，当然也是安身立命的职业。所以，私塾先生在职业上是有所期待的。当然，这个期望值也不能太高。私塾先生的口碑（按今天的说法叫教学质量），是看得见的。他的教学，其实也是公开性的教学，学生的父母是可以来听课的，而且也是在比较公开的场所教学（很难有单独的宅子），一般邻里邻居、乡里乡亲多多少少能够看得见具体的教学工作，看得到你对学生的态度，包括教学过程中整体的精神状态、投入状态。

当然，我说到工匠精神的时候，我想的还不仅是这些。其实，比较重要的是，作为一个工匠，他需要有专注力。他是需要持续地做一件他所擅长、他所喜爱的事，他能够以此养家糊口、安身立命，甚至把它看成一种天职的工作。他需要长期的，甚至一生就做这件事情，每天就做这些事情。他每天都非常清楚，自己要做什么样的事情，而且这个事情是能够自主规划的，不受其他因素干扰的。这种专注力，这种自主性，这种持之以恒、锲而不舍的工作态度，才有资格被称为"工匠精神"。

我们的下层气质，是怎样形成的？

应该说，这是一个比较有趣的话题。当然，它也容易引起歧义、不同回应。其实我讲的下层气质，它是整个时代的一种文化气质，它不是指特别哪些人，尤其不是指某些校长、官员，或者某些特殊的人身上有底层气质，它能影响更多的人，让更多的人也同样具备这样的下层气质。我讲的其实是整体性的，是指向几乎所有人的气质特征的。也就是说，当我们否定了跟下层气质相反的上层气质，也就是高贵的气质、贵族的气质，典雅的、高尚的、富有尊严的气质之后，实际上我们是生活在一个下层气质里，这种下层气质就是我们生命的一部分。

我们生命中，对很多事物、很多事件、很多问题的反应模式都是由下层气质所决定的。某种意义上说，这种气质是一种由艰难的生存处境导致的应对的模式，或者是一种类似于危机处理的模式。一方面，你的这种解决生存问题的模式，如果在一个逼仄的环境里，你自然就用一种粗糙的方式、救亡的方式、应急的方式来解决生存。其实，这种解决方式也成了我们应对环境和他人的基本的模式。另一方面，它不仅是这样一种应急的、救急的基本形态（不仅在这个形态上），同样也成了我们的某种精神气质。比如说，有人从小听的都是革命样板戏，都是红歌，他现在听歌曲时，感到最亲切的是什么？最亲切的就是童年时所听到的那些东西，就像我的某些朋友，喜欢自然而然地朗诵革命的诗词，唱革命歌曲。它是一种自然的文化反应方式，跟你所受的熏陶、所受的影响直接相关，形成高层面上的意识形态的模式。如我们想到日本、韩国，想到菲律宾、越南、蒙古、印度，想到美国、英国等这些国家，会有不同的感觉。很多人为什么想到苏联就那么亲切？这跟我们所受的文化熏陶、价值观的灌输有极大的关系，它形成了我们的一个价值判断，形成了我们在价值判断之上的（也就是形而上的）一种思考与认同方式。

这些思维过程，很多时候是用不假思索的、自然而然的、油然而生的一种反应模式来进行的。就如我曾经谈到的，为什么我们会容易选择加班加点呢？因为加班加点就是我们从小接受的"为社会主义做贡献"这个模式的一种教育的结果。我们为什么那么在意荣誉呢？即使荣誉包括"病毒性"的东西——因为我们接受的是"荣誉本身就是一种价值""荣誉本身就是一种意义"，而不是对荣誉有一种反省。所以对这一切，我们是直扑过去的，不计后果的，我们身上的很多麻烦产生的原因都是类似的，都跟整个社会的功利化、生活形态的底层化息息相关。在这样一种文化大环境的熏陶之下，你说很多人怎么可能有贵族气质呢？有时候，一个有贵族气质的人即使很落魄了，但是你在他身上仍然可以看到贵族的包容、优雅，对生活的情趣，在困难面前的那种临危不惧等，很遗憾，这些正在我们生活中慢慢消失殆尽。

所谓这样的下层气质的影响，就是在多项选择的时候，你所做出的选择是跟你的精神气质相对应的，并不是简单的别人影响你、诱导你，或者说别人逼迫你，并不是一种他律的东西，而是一种自我选择的结果。这个自我选择，看上去是跟我们思维有关，但更重要的，是跟我们整个的生存环境、我们的成长环境、我们所接受的文化熏陶有很大关系。也就是说，当某种文化变成我们生活方式的时候，我们会不由自主地被它无形制约，这才是最为要命的东西，这才是这一整代人身上所共有的一种精神特征。

要从文化环境中提升我们的气质，让这种文化发生变异、更新、提升与改善，需要非常非常缓慢的一个过程。制度的变革、环境的变革、生活方式的变革，我们所能感受到的一切将会更具人性、更美好、更高尚、更高雅，这一切都不是一天能完成的，都不是一天能够实现的。

对抗下层气质

　　这两天谈到的下层气质，它不是指向权力的上层、中层、下层，也不是指向社会划分的上流社会、中层社会与下层社会，甚至也不是简单地指向文化层面的高级文化与低级文化。它更核心的是强调人的整体的精神气质，从我们现在的整体性的国民发展状况而言，很多人都处于某种下层气质的状态之中。对这一点，我们尤其需要进行辨析。所以我从一开始就强调，也许我们都是一样的人，尽管身份、职务、财富、社会地位等各方面有所不同，但本质上我们整体的社会气质都是属于下层气质的。

　　我特别强调几个方面：从社会来说，传统文化、精英文化、贵族文化被摧毁之后，底层文化（下层文化）成为一种普遍的文化，这是一个特征。它是一种精神气质，其实也是一种普遍的精神状态。这种普遍的精神状态就整体社会而言，表现为功利化，急躁、激进。很多人容易生气、动怒、失控，也即所谓的"戾气"很重，容易小题大做，容易陷入各种各样的精神狂躁，甚至疯狂的病态状况，这都是下层气质的一种体现。另一方面，这种贪婪、斤斤计较、小气、小心眼、易怒、妒忌，很容易产生对他人的攻击，容易为某种小小的利益就撕破脸，完全不顾颜面，不顾情感，等等，这都属于下层气质。

我对这个问题的探讨，实际上也是对一种时代精神的探讨，确实是非常有必要的。这种必要性还体现在，我们不要简单地把原因归咎于社会，更多的应有一种基于时代和社会的自我思考，有一种反省与警惕。我们身上的很多毛病，你会发现它是一个普遍的毛病，并不是只在我们身上，或者只在某些人身上。所以我们要有自我扬弃、自我调节的意识，通过不断地再学习，进行精神的改造。很久以来，有识之士就提倡"改造国民性"，其实"改造国民性"的核心就是改造人的精神状态，就是对下层气质能够有所颖悟。

　　当然，这种反省和改造，本身是非常困难的事情。我把这样的问题提出来，也是给大家提供一个视角，去审视我们工作状态、生活状况、各种人际状态，在这些状态里我们的情绪状况如何，我们评价他人的方式、对待他人的态度如何，等等。这背后，到底是什么在影响着我们，在制约着我们？这样的思考，我觉得肯定是有意义的。我们可以从中建立起一种对他人更深刻的理解，一种同情式的理解，这种同情的产生基于自己相似、相近，或者相同的一种心理状态。也就是有些疾病是普遍的，不是只有那个生病的人才有，没有生病的人只不过是没发作，但这种病态是一种普遍的病态。

　　我说到"都一样、都相似、都相近"是带有国民性色彩的，它可以让我们更好地去理解位高权重的人，去理解底层贫困潦倒的人，总之，你会获得某种敏锐的洞察力。这样的洞察力，让我们对待外界的人、事，有种豁然开朗的感觉——哦，这世界原来是这样的，这个人这样做是有原因的，这世界的存在状态原来如此。

　　我前面说到的易怒，容易生气，容易失控，容易狂躁，容易恐惧，容易精神沮丧等这一切，更多的时候都是为具体的事、具体的利益、具体的得失而产生的情绪状态，我们的内心会比较少有所谓"仰望星空"的情怀，不会为一些形而上的事物，为那些悲壮而伟大的精神而感伤，我们的忧愁都是很微小的。当这些微小的麻烦解决以后，我们很快变得兴高采烈。不是说这样的兴高采烈没有价值，如果我们都只是为微小的事物、微小的得失而悲伤的话，我们就停留在这样的精神状态里面，不能真正开始一种自我的变革。

比如，从阅读的角度来说，一个人从 12 岁到 24 岁，从人的阅读发展的阶段性特点而言，这一阶段的阅读就特别需要一些体现崇高精神的长篇的阅读，比如读长篇小说、读经典作品，读那些充溢着人的伟大信念的、为之不屈不挠奋斗的文学作品，它们能更多地让儿童的心里洋溢着理想主义、浪漫主义等美好的精神，为其生命打底，让其产生一种更开阔、更美好的人生憧憬。这种类型阅读，意义重大。

我们的王丽琴老师讲《红楼梦》讲得非常精彩，赵赵老师讲《红楼梦》也讲得很精彩，她们用不同的视角讲《红楼梦》，很有意思。其实，读《红楼梦》就是要在这个年纪（12-24 岁）去读。这个年龄段的人，会自然地对宝玉和黛玉的爱情热泪盈眶，对美好的事物更容易心有戚戚焉，更容易去憧憬，更容易用自己去代替主人公的精神情怀。如果一个人老于世故之后再来阅读《红楼梦》，那肯定不一样了。当然，这个时期的阅读，特别有助于孩子保持一颗童心。童心，我们不要认为是幼稚之心，童心的核心是浪漫之心，是想象力，是对美好事物的笃定信任，是不多考虑物质与得失，直扑过去的那种生命热情。

教育，如果能让一个人憧憬美好，对人类有更辽阔的信念，对自己生命的担当有更坚定的立场，这样的教育，可以说是最美妙、最透彻生命本质的教育。

离"下层气质" 远一些， 再远一些

昨天晚上的话题，引起了大家共鸣。聊天结束，有不少朋友私信我，谈到自己的一些生活、工作状况，以及学校的某些生态的问题。

今天，其实我还在思考这个问题。我觉得，我昨天聊的核心是健康问题，聊的是我们对生命态度的问题，也说到了一些校长的工作方式，加班加点会成为他们的一种习惯，对加班加点有很强烈的偏好等问题。当然，我也不是信口开河，这些年经常有老师跟我反馈各种各样的生命的"灾难"。

一方面，我们会说学校生活是社会生活的一部分，学校生活是政治生活的一部分。很多年前，我就谈到过这个问题：学校属于政治系统、行政系统，而不是属于生命系统、文化系统，学校的自主性与独立性其实离我们还非常遥远。另一方面，我想就这个问题再更深入地跟大家谈一下。

学校的管理者、教育的管理者、社会的管理者跟我们普通人，都是一样的。当然，价值观上会有些不太一样，"三观"会有所不同，或者政治立场上也会有些差异。但可以肯定的是，其实我们成长的背景有非常相似的地方。我们处于同样的文化系统之中，必定有着观念相似的地方。

不过，很遗憾的是，我们中国人共有的那种传统的温文尔雅、温良恭俭让……这种对文化、对人的敬畏，对自己身份的谨慎的这种传统，在很长时间里已经在大部分人身上中断了——包括在很多教育者身上。另外，西方文化里的知法守法、遵从教育的独立品格，就是基于法律意义上做教育的意识，在很多人身上也都是极其薄弱的。我们教育的麻烦就在于，在所谓的"政治正确"下，学校本身就做了大量的反教育的事情，从学校的管理，包括学校很多具体的细节，甚至口号、学校日常的言语方式……都有一些巨大的问题。这一切，也是大家都熟知的。

有的人对此有反省，有的人对此有纠偏，有的人可能习以为常，甚至乐在其中，成为体制非常牢固的一部分。所以，我们的学校都是如此相似，我们所能看到的学校的差别，跟校长的价值观，跟校长的为人处世的方式，跟他作为校长的自我期许等都有很大的关系。

我的另外一个思考就是：中国人传统里有的典雅、高贵、散淡、从容这些气质，这几十年来也几乎是丧失殆尽。在我们生命中，不管我们有没有意识到，大部分人都有下层气质。下层气质表现在生活层面，是为生存而竞争，为生存的焦虑贯穿在我们生命的始终。这种生存焦虑，实际上是我之前谈到的饥饿恐惧症（也是生存焦虑），担心被边缘化、成为无足轻重的人是生存焦虑，还有害怕失败、害怕丢脸、害怕成为没有尊严的人，这也是我们的生存焦虑。所以，我们凡事都容易急功近利，容易为达目的不择手段，渴望为出人头地不惜代价，并以出人头地为最高的人生目标。有时候，又愿意委曲求全，毫无尊严（即使不涉及尊严，也会出现某种精神气质上的问题）。所以，我们在处理很多问题时，精神上和体制是合谋的。

也就是说，为了所谓的生存，生存得更好，对于一些自上而下的不太合理的、不以生命至上为逻辑的东西，我们的内心是有迎合倾向的。即使我们也觉得它有问题，但在我们的精神深处，我们被自己这种生存意识所绑架了，更多的是遵从，更多的是按照这种逻辑去做。我们总是会说，如果不按照这个逻辑做，还有别的逻辑吗？我们相信只有遵从逻辑，才可能是最好的逻辑。所以，我们在处理很多的具体事务上的那种急躁、易失控、易慌乱、易粗鄙化……这实际上都是下层气质的体现。即使给你一个已建得非常美丽的学校，你可能要使它充盈的气质，仍然是一种底层气质。也就是，学校里面看不到闲适与从容，看不到自由与生机。我不是说学校完全丧失这些东西，而是这些生机更多的应该是从生命、从个体、从文化……自然而丰沛地流露出来的。这些东西，是我们现在的学校里最为缺少的。

这种下层气质还表现在：当荣誉到来的时候，我们从不谦让，不管大小，所有荣誉，从不谦让。从学校与学校的竞争来说，对他校不谦让；从个人与个人的竞争来说，对自己个人的"那份"有强烈的攫取之心，虽然知道自己不配，但还是要获得。没有人想到德福配衬的问题，更容易想到的是：凭什么我不能要呢？他都能要，我为什么不能要？这就是下层气质，也就是不容易想到：我这样要，是不是比较没有尊严，比较羞耻的一件事？不会有人用这种逻辑来进行惯常思考。

当然，我也会反省自己，自己身上也仍然有这些下层气质的东西，只不过这些年，我会更多的有一种对自己的提醒。

有时候，当我们深入地去思考学校、思考教育，包括思考我们怎么做教师、怎么做父母、怎么做一个人……实际上对于这个话题，我们不要轻易、简单地把我们的麻烦归因于这个时代，归因于体制局限。当然，源头是跟这些有关的，但是作为生命个体来说，它仍然可以有独处、自律、反省的能力，可以决断一切。作为一个更为普通的人，比如说作为一个教师，为什么强调自己是一个手艺人？手艺人背后，还有一个很重要的东西：手艺人是凭自己手艺吃饭的，这饭吃得会更安心一些。自己就是自己的依傍，自己就是自己的主人。为什么这么说呢？我们中国人说，"达者兼济天下，穷者独善其身"，但是在今天这个社会逻辑里，"达"本身是会有更大的麻烦的，一个人视职务为显赫的象征，有时候"职务"本身带来的麻烦、灰暗，跟职务的大小是相一致的。

不得不说，可能我们仍然要坚持的就是：回到个人，回到素人，回到平常的人，回到凭自己的一己之力生存的"原始状态"。当然，做到这些也不那么容易，但我们要更多地思考：对得起教育，对得起自己读的书，对得起自己那颗高贵的心。

生命叙事， 从回溯中找到前进的力量

我在橘园洲书院微课直播平台跟大家分享了《我生命中最重要的他人》，讲的是我和我叔叔之间的故事。

这个故事，其实我这几年在不同的场合有不同的分享。后来一想，我的教育写作最根本、最重要的特征，其实都有生命叙事的意味。这种生命叙事里有家庭的叙事，有成长的叙事，有学校生活的叙事。

就家庭叙事而言，有家庭成长过程中的事件，包括跟父母、姐妹、兄弟等相处时发生的一些故事，它们都有一个特点——是能够反复阐释的。也就是说生命中的一些重要事件，并不是一次就可以把它挖掘深透的，很多事件都有多维的意义，你对它的理解也会越来越深。其实，每个人的生命都蕴藏了很多秘密。这些秘密，有一个很有意思的特点——并不是你想起这件事，就知道了这些秘密，这些秘密往往藏在事件的深处。我可以用这样一种表达来说明：就是你知道了一些事件，但是这些事件对你的影响，有一些特别神秘的元素，这些神秘元素，是随着你生命的进程而变得敞开、透亮的。

比如说，我谈到我和我傻叔叔的亲情，我出生之后抱我最多的是我这个叔叔，而不是我的母亲。听其他人说，他经常一有空闲就抱我，抱着我走来走去，这就让我们有了一种生命原初的肌肤之亲。这种肌肤之亲，其实对人一生是有很深刻的影响的。它自然形成一种亲情，一种深厚的亲密感。这种亲情和亲密感，会超越了对叔叔、对家人、对父母本身的情感。我之所以这么说，是因为在亲子成长过程中，童年成长最为核心的东西、最为根本的东西，并不是他人教给你什么知识，教给你什么常识，最为深刻的是来自于身体的亲密接触所形成的最为牢固的，你所不知晓但是已经建立起来的一种终生的关系。这一点，是我以前在阐述我跟我叔叔关系的时候，一直没有谈到过的。

生命叙事，它是可以不断地使自己的生命在敞开的同时获得一种新的理解的。同一个事件，它本身就有多维的理解，在事件背后，同时隐藏着很多的秘密需要我们去洞察它。当然，除了洞察秘密之外，还有更重要的一点就是不断地再阐释、再阐释，不断地逼近我们生命里的某些真相。还有一点也很重要，就是随着我们年龄的增长，阅历与理解力的丰富与加深，我们才有可能更为清晰地看到所经历的一切对我们所产生的影响。也就是，这些事件如何一步一步地塑造了我们生命本身——这里有精神的塑造，也有身体的某些塑造。当然，还有知识、能力等方方面面的推动。所以，生命叙事可以不断地重复，不断地加深。

另外，还有一点也很重要，当我们没有生命叙事这个意识的时候，我们会觉得生命好像充满了空白，充满了空洞，充满了茫然……实际上，记忆既是生命的本能，也是一种建构——我们的这种生命自觉，会帮助我们去重建记忆，重建一种更积极、更开阔、更乐观的对自己生命本身的一种理解力。比如说，我们要走出自己生命的暗影，超越生命的困顿，使生命本身获得一种飞翔的自由状态。最为重要的是，这种超越能力首先是建立在理解基础上的，生命自觉是帮助我们不局限于所遭遇的一切，而在遭遇的里面，有一种超拔的力量。这种超拔的力量里，也包含了重新审视自我、审视外部世界的能力。也就是说，我们可以不沉溺其中，不陷入无力自拔的境地，也不把我们所有的一切难以改变的缺陷或劣势都推责于童年的遭遇。这种生命自觉，实际上是用一种站在未来的视角去看待过去。也就是，这种回望和反思，要跟着自己的生命往前走，既要回溯——当然这种回溯有时需要很大的勇气，你要对自己生命里所有的尴尬、所有的困顿、所有的痛苦，甚至某些悲剧性的遭遇，都有一个坚强的意志——就是能够直面它、逼视它，然后找到一种强大的意志推动自己继续往前走。

其实，任何一个人的成长都来自于我们对童年记忆的重建，快乐的或者痛苦的，在这样的记忆基础上，去建构属于未来的价值观和生命的路线图。

教师，需要有复杂的理解力

每个人对自己的成长，其实都有说不尽的话。因为有太多的话题线索，有太多复杂的成长要素，有太多的记忆，这一切，都需要细加分析。其实，我谈论这一些，不单是谈一般意义上的家庭教育，也就是没有简单地分为：家庭教育、学校教育、其他教育。这么说吧，其实作为一个教师，是需要有复杂的理解力的。也就是，生命本身是复杂的，教师需要有这样复杂的思维，才能承担你所要从事的这种工作。

教育，从形态来说，它首先是知识的教学。对知识的教学，你要达到一个目标，是需要更多的知识力的。这个知识力最为核心的，当然是来自于你对生命的研究。比如说，我今天可以比较清楚地看到上大学时候的那个"我"到底是怎么回事，现在的"我"已经真正超越了"他"。当然，也可以说，现在的"我"已经真正从内心不断地拥抱了那个自己，安慰了那个自己，当然，也有点心疼那个自己。

在我一些反复的阐述里，我自己觉得是不带有"自恋"这个特征的，有自爱，有时更多的会自嘲。无论是自爱，还是自嘲，它都是一种对生命更深入的反思。其实，对所有人而言，最重要的都是"认识你自己"。只有认识了你自己，你才可以以己观人，也可以以人观己，互看互省。

也可以这么说，认识了自己，你就会明白你课堂上的每一个学生，明白了很多情绪背后，或者很多能力背后蕴含的更复杂的意味。你就很难用简单、粗暴，甚至一成不变、想当然的一种方式去对待学生，对待工作，就可以达到作为一个教师所要达到的目的，完成所要完成的任务。我们所从事的工作本来非常复杂、非常艰难，需要我们反复地去学习，去探究，去反观自照。

这些年，我会特别强调：作为一个教师，要把对学生生命的研究作为我们更为重要的一种工作。以前经常会说"要站在巨人的肩膀上"，其实我们换一个角度说可能会更为妥帖，就是要"站在专业的立场上去思考"。说到专业的立场，不是你有了教师这个身份，你就是一个专业人员，而是要特别重视阅读，特别是对教育学、心理学，包括其他诸如人类学、社会学等的阅读，当然，还不能忘了文学、哲学、历史等方面的阅读。我们要基于这样的一种立场，去从事我们的工作。

有专业的立场同时还意味着，我们可以比较放松、从容地对待自己，也就是我们要知道工作的边界在哪里，知道我们能够尽到的责任是哪一些。其实，我们不能简单地说，我们完全被各种管控机制所裹挟。实际上，在这种管控机制里，它总有可以腾挪的空间。而要腾挪，不单是教学勇气的问题，或者是生命勇气的问题——这样的勇气很重要，但"腾挪"里更核心的是我们的专业素养的提升。

当然，专业素养提升的背后，是对生命的洞见力的提升。所以，它也包含了生命的自我觉悟。实际上，我们觉悟到什么程度，就能够拥有什么样的精神自由。反过来说，我们的精神自由，会促进我们对职业的一种自觉反省。当我们受各种利益、职业规范以及规章制度的约束与规训时，一方面，它确实是一种很可怕的生存处境，另一方面，这种处境对我们心灵所产生的真正的影响又是因人而异的。

　　我所看到的一个最直观的现象就是，一个越有职业素养，越有生命自觉的人，无论他在什么样的处境里，他都更容易获得这种自如感，获得对生存处境的洞察力。也可以这么说吧，他总有某种独特的工具，能够帮助到他。如果你去观察具体的生活，处处都有这样的一种人。因为人更重要的是靠自己的精神去生活，靠自己的专业素养去生活，靠自己对生命的愿景去生活。所以，在同样的一个生存背景底下，你就会发现，实际上人又是有很多不同状况的。最终也可以说，人确实是为自己所创造。

缓慢而坚定地提升自己的理解力 |

我也常常想：自己的心智是不是足够成熟？

说实在的，我们几乎每天都会在微信里看到各种各样的社会事件，夺人眼球，我们不可能对这些毫不关心。实际上，关心这些资讯以及各种各样的问题，也已经成了我们的一种生活方式。我们总是会对这些事情做出一些判断，对此也总有一些感情上的倾向，总有想议论的冲动。至少，有时候不方便在微信里说，可以在自己的餐桌上说，会跟朋友们在一块儿的时候谈及它们。我们要做评论的时候，依据是什么呢？这是比较重要的一个问题。有的人可能是凭着自己感情的冲动来评判，但感情冲动的背后，还总是有些价值观、经验，包括每个人的趣味来支持他的评价的。其实，不单是情感能够使我们因情感而做出一个判断，情感背后总是关联着更复杂的思考。

当然，我也经常会想：我做的判断对吗？我是基于什么样的立场来判断的呢？

今天我也在优培群里谈到，如果我经常对某些事件、某些问题表达自己的某些思考，也会有人对我感到担心，因为所有的表达都隐含着诸多的危险，但是你如果不表达，有的人也会问：你最近怎么都不说话呢？有人总是觉得，好多事情你是要说话的，尤其是涉及教育的问题，你作为教育研究者是要说话的。说实话，涉及教育的问题，我就是转一些别人的文章，或者加一些暗语。当然，加暗语也是有倾向的，有时候倾向会更含蓄一些，也有些时候没有表明什么倾向，就转一下。

对教育具体的事件，我其实不太想再说什么，因为所有的一切都发生过了，或者说，所有的一切，我们都思考过了，再思考也并没有更多的新意。在旧有的土壤里，它所产生的一切都是没有新鲜感的，"太阳底下无新鲜事。"一切发生的，实际上都不是突然发生的、偶然发生的、一次性的事件，它们不过在发生的时间、地点、事件严重的程度上会有所不同而已。所以，我一直拒绝对刚发生的事情做评论，或者可以这么说，我一点都不想因此吸引眼球，吸引粉丝，做个网红评论家、网红的学者。嗯，这句话也不对，网红评论家是可以有的，但不存在网红的学者，因为学者一旦是网红，会有比较多的麻烦。

另一方面，就像我跟大家分享的，我总是会说：我们需要把很多问题捋一遍，捋得更清晰一些。这需要我们有更深刻的理解力。所谓深刻的理解力，无非是关乎人性的、关乎理性的、关乎价值观的一些要素。也就是说，要建立起自己的一个理解背景，这是极为重要的。

这些年，我对家庭教育的研究，最重要的不是研究亲子关系，而是研究人性、研究生命、研究人的成长的普遍规律。然后，再来思考亲子关系，思考人与他人的关系，人与学业、生长以及与周遭世界的关系。我更看重这些带给我们的洞见力，带给我们的最重要的研究数据。像卢梭说的："世界、事物与人，都是我们学习的最重要的一个凭借。"

所以，我尤其会感谢那些有原创力的作家，有原创力的学者，或者是一直痴迷于从具体的观察、具体的临床数据里去发现人性的独特性，发现人成长里那些没被其他人所发现的奥妙的人。当然，这些奥妙被说出来的时候，有时会成为常识，但没被说出来之前，能被他发现，也是很了不起的。有时，我们阅读时就应该带着这样的一种期待：阅读本身就是一种精神旅行，你会欣赏到更多的风景，会有很多的甜蜜感在等待着你。

反过来说，当你看到周遭的世界，当你发现很多看上去很新的事物，有一些新的冲突，你如果把问题的源头、人性的复杂，包括我们这样的一个时代的有些人，他所受的规训、宰制等这一切，关联起来思考的时候，你的理解力也许会使你变得心智更成熟一些。我喜欢和很多人交流，特别是在网络上熟悉而现实中没见过的。我也发现，其实交流本身，对我们改善理解力，对我们去思考更复杂的教育的可能性，也都是有帮助的。实际上从很多朋友身上，我有时会感到一些意外。所谓意外，就是"他其实不是那样的人哦。"也可能我现在认识的不少都是中年人，中年人确实都有某种"中年气质"，就是大家都比较平和、从容，思维里有较多理性。大家既有一种对社会变革的强烈期许，也有具体的行动。同时，又有很强的文化保守主义倾向，尤其是在处理人际关系，处理名与利等方面，会有更多的克制。当然，我说的都是体制外的这些朋友，他们本身放弃了体制内的功利，他们已经做出判断，已经做出选择。我觉得他们一方面思想活跃、新锐；另一方面，为人谦逊，乐于与人交流分享。包括分享的姿态，都特别的适宜。有时候真的是这样，你积极于功名，难免要失去方寸。

如果从这些视角来说，我觉得自己的思考无非是对各种各样的谬误，看清一些，去获得一些非常微小的领悟。当然，我离真正的成熟、真正的明亮，还距离得非常遥远。

丰富自己，达到"不知老之将至"的境界

大家一定还记得我提到过的一个朋友，在朋友圈里突然发飙，生大家的气，然后就怒气冲冲退出了我们的诗歌群。当时，我就跟大家说，不要为这件事情有太多的猜想，依我的判断，他肯定是精神上遇到了困顿。因为一个人不会因为这么小的事发那么大的脾气，情绪失控。当然，这个失控不是外界的因素所激化的，应该是个人的问题。

昨天，他跟我们见上面了，也光荣地回归了，跟我之前的判断完全一致。他自己也说，那阵子就是想发无名火，无法控制自己，就想生气。其实，我一直觉得五十岁左右是一个非常危险的年龄，在这之前，人生还是向上冲的，到了五十岁前后就往下走了。所以，你之前满怀期许为目标奋斗，现在有时会更多地看到人生不过如此。也就是说，你这个时候会明白你所期望的，有的是已经实现了，有的可能永远也不能实现，会对自己有一个更清晰的判断，包括自己的喜好、才情、能力。

当然，另一方面，身体也开始发生一些变化，这就是大家经常说的"更年期"。其实，更年期所带来的最主要的问题是精神上的问题。有的人可能会比较好地把控，这说起来比较复杂。但有的人情绪状态起伏很大，这首先是一种生理性的情绪起伏，它一定会引发精神的危机。另一方面，他的工作

压力跟以前有很大不同，以前可能会更多地想到责任、想到担当，现在则容易对工作产生厌倦、虚无感，会经常怀疑自己为什么而活着？为何而劳作？

其实，当人际关系出现一些冲突时，包括跟最亲近的人——家人、朋友产生种种不愉快的时候，不能简单地说"好人变坏了"，可能更该说的是"好人变老了"，会连带着生出很多"变坏"的感觉。有的人，会很快度过这个危机，就像我这位朋友说的：唉，这阵子福州天气太热，发现情绪变化非常明显，人很自然地就被调整过来了。看来，在阳光底下暴晒一下也是大有好处的，出出汗能够"治病"。我又想到，其实人到了五十岁以后，又需要另外一种升级了，该进入 3.0 版，还是 4.0 版呢？也就是说，这个时候需要对人生再做一次统筹规划，重新接纳自我，接纳自己的局限，接纳自己的缺陷，接纳自己也许再也改不了的毛病（当然我说的毛病，都是一些小毛病）。另外，也许我们仍然需要找到自己的乐趣所在，找到自己的生活中心与人生中心，回归家庭是很重要的一种途径，但是，再出发可能更重要。以前可能没有心思、没有时间专注做的事情，现在也有可能重新投身其中，把某些痴迷变成新的工作。

当然，更好的状态是：恢复或建立自己业余者的身份。所谓的业余者，就是不是职业的、不是为掌声的、不是为收入的，就为自己所喜爱，就为自己所痴迷，不用自我否定的这些，我称之为"无用之爱""无意义之生活"，在看似无意义中去找到意义。

就像大家说到教师的专业品格的时候，其实我更强调的是生命的品格，对生命自身的理解力、接纳力，这其实是一个内在的"十字撑开"，既是一种生命的框架，又是一种生命的格局。在这样的生命品格里，才可能对专业有更多的专注力、思考力，才能穿透很多艰辛与困难。生命的悲情本身都是一种动力，也是一种意义。也许，人生的意义恰是一种无意义的意义，在你寻找与探索的过程中意义一并产生了，这是生命的存在感，也是一种自然而然的甜蜜。

我跟刚才说到的那位朋友有想法一致的地方，所以我对他也有更多的同情与理解。我日常所做的事情跟他差异比较大，我感到欣慰的是，我更多地会从自己选择的工作、所做的工作里得到一种能量。夸张一点说，我希望自己是这样"不知老之将至"的，能够悦纳自己逐渐衰老，同时又保持着一种好的生命能量——身体健康、精神健康、人际关系的健康，包括所做的工作，也让它有健康的品质。

这一切，都是挺美妙的。

面对孩子：

为人父母，为人师

我们确实太少提醒孩子：关于快乐的提醒，关于善于释怀的提醒——在微小的收获里得到大大的快乐的一种体验。其实，幸福是需要提醒的，快乐是需要提醒的，改变是需要提醒的。

童年的影响力， 到底有多大？

　　说到一个人童年对他一生的影响，实际上要做一个问题分析，就是童年最根本的影响到底是什么，我们可能要对它进行适当的、具体的阐述。比如我们说到童年的影响，首先会谈到贫困。其实，贫困对童年的影响并不是最大的。因为一个孩子无从知道什么叫贫困，只要父母提供食物，包括提供奶水以及其他食物，有家庭的温暖，有父母的怀抱，和父母生活在一起，他就是满足的。实际上贫困往往不能构成童年的巨大的影响源，倒是少年时代贫困的问题，会慢慢主导着孩子很多价值观、生活态度，包括对自己人生的规划。在童年阶段，其实贫困影响是最小的。

　　更大的影响，也是更本质的影响，就是有没有生活在父母身边，尤其是有没有生活在母亲的怀抱里、母亲的身旁，这关系到孩子本质的需求是否能够得到最为充分的满足。我们谈到童年的时候，往往会把解决贫困问题放在第一位，而恰恰忽视了更为本质的需求——情感的满足度。情感的满足度对孩子建立安全感、建立亲密的亲子关系中的自我认同，包括对生命自身的信任度，是最为重要的。

　　第三种情况是童年里只有一个母亲，或者只有一个父亲，就是不平衡、有缺陷的家庭。应该说，只有母亲的存在，对孩子某种精神的发育要有利于只有父亲的家庭。只有母亲的家庭的不足往往在于，对培育更有勇气、更为勇敢，更善于跟外界打交道、与他人交往等品质是不太有利的；而只有父亲的家庭，在孩子精神的细腻度、细微度，包括精神的丰富性的培养方面，是比较不足的。但是只有父亲的家庭，因为父亲本身的生命引领价值，对孩子社会能力发展是比较有利的。

还有一种情况是父母都在，但是父母都不爱这个孩子，父母之间冲突不断，父母情绪极为不稳定，父母在家庭经常制造冲突、制造紧张气氛，家庭氛围很混乱、生活方式很粗糙，家庭言语冲突持续不断……这样的家庭，孩子是很难建立起安全感的，因为恐惧会早早地进入他的心灵。同时，他对家庭的认同实际上是一种崩溃的形态，他没办法直观地看到一个家庭的美好、温暖，对家庭成员的可信赖感、父母的亲情，包括父母发自内心的由衷热爱这种情感，也就是作为人天性的与父母之间的亲近感、依赖感都会早早地被强行阻止，被强行扭曲，被强行撕裂。在这样的家庭中成长起来的孩子，性情一定会与父母更为相似，更容易陷入狂躁中，更容易对他人产生仇恨、敌意。这种缺爱的状况，使孩子在家庭里很少得到内心平衡与宁静，得到细致的关怀与照料，对孩子精神的成长构成了巨大的阻力。

家庭环境对人的影响，还有一个问题也经常被人提到：有些人，同样也出生在情况相当不好的家庭中，最后他不是成长得很好吗？像这样的问题，其实我们都要对它细致分析：到底家庭状况不好，是什么样的不好？是贫困吗？是幼年时失去父亲，由母亲照料大的吗？比如由母亲照料大的孩子，往往会对母亲有非常深的感情，而且对母亲有很强烈的照顾愿望，有担当家庭责任的意识，有时他的理智往往会屈服于对母亲的亲情，在人生重大判断的时候，很容易做出这种抉择。比如鲁迅先生，当时革命的时候就说：要是我被捕了，要是我牺牲了，我那个寡母怎么办？这种强烈的作为母亲的依靠、母亲的后盾的意识，都会改变人生很多重大问题的选择。还有，你所看到的他成长得很好，是真的好吗？他内心体验的真实情况是如何的，你从何判断？真正的成功，不只是获得物质财富，更多的应该是内心的充实与幸福快乐。

所以，我们必须有一种具体的分析，不能只从个别的、个体性的所谓成功、所谓自我觉醒而得出结论：什么样的家庭，孩子都可以成长得很好。因为任何一种结论与观点，都带有很强的经验性，或者说随机性。

童年缺憾和"成功" 有何联系?

　　有一天，有位朋友问了我一个问题："为什么有的人童年很痛苦，也遭遇不少缺憾，却能非常成功? 甚至一些苦难成就了很多天才?"这肯定是一个挺有趣的问题，既可以还原到生活中，看到人与人之间的巨大差别；还涉及人性的复杂性。

　　这样的问题，不是我能解答的。但我倒想到另外一种思考方式，这种思考方式跟我对童年的理解有一定的关系。就是人在婴儿阶段，实际上很多的满足感会对他一生有巨大的影响。这种满足感，最核心的当然来自于母爱，来自于由母爱所带来的安全感的建立。这种满足感获得后，自然产生一种影响他一生的充分感——充分的爱的灌注会带来充分的爱的满足感。其实，这种充分的满足感就抵达了人需求的全部。也就是说，人所有的需求都得到了最充分的一种回应。所谓"充分的回应"，就是人的需要里已经灌注了全部的母爱。

　　另一种情形是，由于母爱的缺乏，他会不断地寻找替代品，即使能够找到替代品，但是这个替代品并不是一种终极的替代品。也就是，等他找到之后，又会重新再寻找，不断地寻找，不停地寻找，但是所找来的一切，都与"母爱的充分灌注"不能等量齐观。就是说，母爱的匮乏是所有的替代品都没办法替换、置换的，母爱匮乏者从任何物质上，也得不到最终的满足。一方面，其实这种"充分的满足"很简单，就是人的本性的需求，从母爱那里自然地获得就够了。但是另一方面，这种最简单的东西，如果不能获得，它就会变成最巨大的麻烦。

我接触的不少朋友，无论是哪个领域的朋友，我经常会听到他们谈及不容易有成就感。即使在他人眼里自己已经取得了很大的成绩，但是他没有这种成就感，也没有由于这些成就感所产生的幸福、知足的感觉。他会表现出巨大的能量，他会追逐"下一个"目标，就像贝利所说的"我踢的最好的球是下一个"，也有一些画家也会说"我最好的作品是下一幅"，有些小说家会说"我最好的小说是下一部"。它一方面是永不止步的对创造力的一种渴望，另一方面，如果我们换一个视角去看，发现可能又揭示了某种真相。

这个真相很有趣——童年的某一种不幸，某一种生命的匮乏，某一种生命的缺憾，它确实是一个不竭的创造源泉，就个体生命能量所造就的他创造的成就而言，生命的不足、生命的匮乏、生命的不幸，确实是非常重要的创作动力源。但是，就个体的生命感而言，总会感觉不足，体验不到"知足常乐"这种闲适感，这种从容，这种由"知足"所焕发出来的生命的怡然自得，生命的轻松、惬意，找不到身体自带的那种幸福。

以前我们经常说，童年的不幸给艺术家提供很多的创作源泉，"创作源泉"就包含了这种像"猴子下山"的情况：遇到一个桃子，摘了一个；又遇到西瓜，发现这桃子不是我所期待的，就摘西瓜；再掰玉米，还不是想要的……一直都不是，始终都不是。所以，它享受不了其中任何一种获得所带来的满足感。

从某种意义上说，童年爱的缺乏，就个体而言，造成的麻烦就在于，很难珍惜当下，珍惜眼前，珍惜已经获得的。当然，这种所谓的"珍惜"不是一种理智的、理性的判断，而是情感的、自然的陶醉。比如，我在生活中观察到一个现象，现在的一些孩子，他们吃了一个冰激凌——啊，非常满足。再给他一个冰激凌，哪怕更好吃的，他也不会吃了。他觉得满足了，胃满足了，情感也满足了，他不需要"下一个"了。"下一个"，可能要等很久，才会再产生。但是，像我这一代的人，包括我上一代的人，有时候经常说"我吃撑了"，美食当前，"唯有美食，不能拒绝"。这里面，其实不是胃的问题，是情感的问题，是饥饿的记忆所造成的贪得无厌，永不知足。这是我们从生活中就能感觉得到的，匮乏使人变得充满了激情，甚至引导着人生奋斗的方向。

世界上的事情，有时候有很多某种隐秘的精神线索，从这些线索里经常会帮我们找到意想不到的一个思考的方向，问题的一种答案。不过，以某种生命的缺憾带来的成功，我是完全不赞成的。

探究孩子们童年的秘密

　　我讲过"生出来的"与"长出来的"。"生出来的",首先是人的天性,人成为人,最主要的是生出来的一些特性——是生来如此的,代代如此的。比如说人的形象、人的需求,人成长的秩序、人最终的归宿、人生命里最本质的构成等,这些都是生来如此的。当然,人的成长也有赖于他的天命。所谓的天命,一方面是父母给的,跟家族的遗传、生命的累积有很大的关系。比如说人的健康,人的智力状况,人的相貌、身高,包括人最重要的精神状况(精神状况首先指人的性格、性情方面的状况)。另一方面,从教育的角度来说,教育有时有个错觉,它特别容易忽视人天然的、与生俱来的东西。对待这些东西,最重要的方式是要去尊重它,满足它。简单地说,要把人作为人来对待。

　　这是我们思考一个学生时的前提。一方面,他是一个人,是一个完整的人,他是一个属于他自己的人,他是一个不可改变者。另一方面,对人的天命里,也就是父母一次性给予的人的要素,实际上也是需要我们敬畏的。这种敬畏,其实是理解学生们的起点,我们教育针对的是这一个具体的人,这个"具体的"是特殊的、复杂的,是不可知的。当然,"这个人"本身也是对自己没有深刻的理解的。所以,教育很重要的一方面,就是不要有幻想,不要去狂想，不要有不切实际的错觉。这个错觉在教师身上是很明显的，尤其是在小学教育，或者幼儿教育中。你会发现，好像孩子经过你的教育、你的训练，哇，他成长得非常快。你以为是训练与教化的结果，其实那一切不都是从他内心里长出来的吗？不就是他具备的潜质吗？也就是说，如果他不具备这些潜质的话，你试试看？你要改变他，很难。

但是，这种错觉会让一些人产生麻木，或者产生疯狂，会错以为，只要无限地强化训练，更加系统地施以刺激，再加上各种奖惩措施的加持，孩子就能成长为你所期待的那个样子。这个"期待的样子"就像卢梭所说的：它是变质的，它是腐化的，它是有太多的麻烦等待在那里的。

当然以上我说到的是教师教育中应该注意的问题，而更要注意这个问题的，其实是家庭。父母把孩子生下来，有时候也不一定能理解世上有很多是生来如此的东西，不明白自己才是孩子最大的宿命，也不明白自己把孩子带到世界上——其实既给了他机遇，也给了他痛苦。

实际上，对一个今天的人而言，他一定要成为一个文化意义上的人。对于文化意义上的人，我们首先想到的是知识，想到知识是不断训练然后获得的一种过程，所以很多父母也参与到老师这个行列中去了。就像今天很多人说的，"父母是孩子的第一任老师"，家庭教育有泛教育化、泛学校化、泛教师化的倾向。我们有很多成功的案例，在激励着无数的家庭，父母只要觉察了、父母只要有耐心、父母只要持之以恒，这个生命就会朝着你期待的方向一步步前进。其实，这跟很多教师所想、所做的是一样的。这样的意识带来的麻烦在于，生命有它自己内在的节律，有它的可能性与局限性，我们过多地夸大了它的可能性，夸大了它的创造力，很容易难以理解生命的局限性、生命的不可改变性，我们会把这种局限和不可改变性理解成孩子对自我的期望值太低，或者说对自我缺乏一种成长的动力。

另外，我还说到过"长出来的"，所谓的"长出来的"，是指一种文化的推动，文化的协作，包括文化氛围的熏陶。所以，"长出来的"东西，它是需要建立在"生来的"基础上的，需要建立在对生命本然状态的充分尊重与敬畏上的。也就是说，生命有它内在的节律，这个内在节律是我在我的著作《奶蜜盐》里反复强调的。卢梭说，儿童包含了婴儿，婴儿不包含儿童。他说的婴儿就是指孩子不会说话之前，会说话以后就叫儿童，这是卢梭的划分方式。你看，孩子从不会说话到会说话，其实是经历了一个突变过程。一方面，这个突变过程，首先是他具备了语言的能力，然后在父母的语言环境里（所谓语言环境，就是父母不断地跟婴儿说话，父母耐心地跟婴儿说话，父母充满鼓励式地挑逗），从咿呀学语到最后叫出"爸爸""妈妈"，说出单个字，然后说出词语，说出句子……这个速度本身是按照生命内在节律进行的。另一方面，父母的推动又极其重要，由父母推动而形成的孩子的某些能力，都可以被看成是"长出来的"。"长出来的"要依据"生来的"，"生来的"是一个基础，是一颗种子，"长出来的"也可以看成是一种适宜的环境。

那么，对一个处于童年期的孩子而言，最重要的是什么呢？

我们肯定会想到，生命是最重要的，健康是最重要的。我们姑且可以把生命与健康这样的最根本的问题不作为讨论对象，因为没有别的东西可以与生命和健康相提并论，除此之外，你会想到什么最重要呢？

从自己的生命成长历程看，我在不同的阶段肯定会有一些不同的看法。这个话题，实际上是一个成长的话题。也就是，通过自我生命的成长，人们对一些问题的理解实际上都是在不断变化的。如果今天你要问我什么最重要，我肯定会说，好性格最重要。毫不夸张地说，好性格是万世财宝。

什么是好性格呢？其实一个人很容易快乐，很容易因为微小的事情而感到快乐，很容易为寻常的事情而感到快乐，一个人动不动就很快乐，比别人更容易快乐，这实在是太美妙不过的一件事情了。一个人有很强的包容力，在别人看来是一件很糟糕的事，他不以为然；在别人看来是一件很复杂、很痛苦的事情，他处之泰然；一件在别人看来非常沮丧、非常难过的事，而他很快就会调整过来，很快又能恢复他性情的常态……这也实在是太美妙不过的事情。

就像我前面谈下层气质的时候，谈到要改善每个人生命的精神状况，有时我会这样想，其实我们对所谓的下层气质略带苛刻的这种分析，当然是带有一定的学理色彩的。另一方面，身处下层，总体上也会有各种各样的问题与麻烦。如果要改善，肯定是一件很漫长、很复杂、很困难的事情。但我觉得还是要从改善性格开始——怎么让一个人变得快乐起来呢？

其实，从性格层面来说，它并不是一次性给定的。性格，是能够自我调节的，是能够有所分化的，是能够不断提升的。这跟自我强大的改变的意识是有关联的。我觉得，尤其是在孩子成长的过程里，我们要给孩子更多的提醒：让他变得更善于快乐，更善于微笑，能用更友爱的方式去待人，更少地对他人怀有敌意、怀有怒气、怀有怨气，这其实是很重要的。

我一直记得我看过的一部日本动漫《魔女宅急便》，对里面一个细节印象特别深刻。有一个离家去修行的孩子，她妈妈跟她交代了一句话：你要记得微笑哦。我们的孩子出门，我们很少会跟他这样说吧：要记得微笑哦，要记得对人微笑哦，要记得带着快乐行走哦，要记得带着笑容与人相处哦。这是我们生命里比较缺乏的一环，我们确实太少提醒孩子：关于快乐的提醒，关于善于释怀的提醒——就是在微小的收获里得到大大的快乐的一种体验。其实，幸福是需要提醒的，快乐是需要提醒的，改变是需要提醒的。也就是说，我们可以在孩子的生命里，注入这样的一种"黄金"，注入更多的"黄金"。

有时候，想要改变家庭的某些状况，想要改变孩子学业的某些状况，包括改变孩子的气质，都是挺困难的。但是，你有意识去推动、去影响、去鼓励他，使他变得更快乐，变得更善于快乐，变得更有意识地增进自己的快乐，都是可以做到的。有时我一想这些问题，会忍不住跟别人说：拥有好性格，是妙不可言的一件事情。一个人有了这样一种精神状况，我相信：幸福更容易伴随着他。

该用什么样的力量，推动生命成长？

    所有生命的孕育都源于爱，没有爱，就不可能有孕育，所以爱也成了人类最为本质的属性之一。爱播下的种子，落在母亲的子宫里。这颗种子，首先也是被爱包裹着，在爱的温暖中而成长的。所以爱本身是最活泼、最有生机、最充满希望的一种推动力。同时，这颗种子既是为爱所播种，也包含着复杂的欲望，复杂的欲望在生命里最后变成一种生长力，或者说欲望就是一种生长的推动力。

    同时，从这颗生命的种子一落地开始，它又带着本能的恐惧的属性。恐惧，一方面是因为未知，对所有的未知都充满了恐惧。另一方面，种子的生长受非常复杂的因素的影响与制约，所以生命孕育本身是充满了极大的危机与风险的。当种子孕育成熟来到世界上，第一次被剥离母体所带来的对生命本身的影响是最为重大的，就像我们经常说的，"所有人的出生都是在啼哭中完成的"。这个哭声，既是惊喜，来到光明世界的惊喜；同时又是对剥离母体的恐惧。要战胜这样的恐惧，需要爱的继续。变化形式的爱，充分灌注的爱，才能真正包裹、浸润，或者叫围浸一个新的生命个体。只有在爱的围浸里，生命本能的恐惧才可能被充分覆盖，使得恐惧不能得以继续生长。

    在生命的生长变化之中，作为生命成长的推动力而言，爱是原动力，恐惧也是原动力，它们都会伴随我们生命的始终。所以在爱之中，就会产生安全感，会产生自信，会产生责任，会产生快乐，会产生幸福。在恐惧之中，很难建立起真正的自信，恐惧本身也是因为爱的匮乏。恐惧会产生忧伤，忧伤其实是对爱的一种不确定；恐惧还会产生嫉妒（嫉妒是由恐惧产生的、在各种比较状态里，对自己的一种否定性投射），恐惧会产生对未来的迷茫，对未来的失望以及自身生长动力的丧失。

所以作为一个生命，要实现积极的生长，它是需要有充分的爱的灌注的，这种爱的灌注，本质上说是传递给孩子一种信念，而不是确立具体的目标。它是一个常识，而不是具体的大道理。所谓的常识，是指人类从来就该如此，而道理（一般的道理），是需要被证明的——常识是不需要证明的，因为常识是对人类共同经验的某种提纯。

所以，当我们谈到"生出来的"这个话题的时候，一方面，要谈到人的天性里、人的宿命里与生俱来的、不可改变的这一切。另一方面要谈到作为"长出来的"生命的所有生机，它最为核心的东西是建立在爱之上的。这么说，其实并没有否定恐惧的价值，恐惧本身是有正面价值的，但是恐惧往往是以威胁生命、否定生命的方式，使生命获得另外一种充满危险的生机。所以这就能解释：为什么有很多在缺乏爱的环境中成长起来的所谓的成功者，他很难有幸福与快乐的体验，很难把自己的成功、把自己的财富回馈于社会、回馈于他人，很难有由充分的爱的灌注所产生的对他人充分的情感，包括对自我的谦逊。

所以，谈教育的时候要回到生命源头去，回到生命源头有助于我们去理解刚才所说的这些常识与道理，这些成长的基础。如果我们了解这一切，将会更好地扶持一个生命更正常地、更自然地发展自己。也就是，把他自己生来如此的能量得到最积极的释放，使其成为一个充满生机、充满信心、充满喜悦的生命体。

当我们谈"长出来的"素养的时候，总是很自然地既关联到家庭、关联到学校、关联到社会，又关联到这个时代的多维的某些精神，对人的可能性产生的复杂的影响。无论影响多么复杂，有一点值得我们重视：家庭对人的影响是最为本质的、最为基础的。生命的源头，是从这里开始的。

如何看待孩子成长的关键期？

　　按照我的理解，这个理解也可能是我有意的误读，就是英国心理分析大师温尼科特强调"3岁之前，父母（尤其是母亲）对婴儿爱的灌注，就是全身心的抱持、陪伴、呵护、疼爱、促进"，这一阶段，它是以充分地、全面地满足孩子的需求为主。我在之前也一直强调，家庭关系里不要有"泛教育化"的倾向，就是只强调教育，不强调爱与满足。

　　家庭教育，从生命源头孩子的需求而言，它最需要传递的是一种爱，爱让孩子产生安全感，爱有助于帮助孩子确立一个有信心的自我，爱使得孩子生命的成长保持一种最自然的状态。爱作为一种动力，有助于孩子驱除生命里与生俱来的恐惧、不安等暗影，使得生命的起点建立在一种自我信任之上。这是生命成长中，至关重要的"基石"。

　　蒙台梭利特别强调生命成长的关键期，就是孩子3～6岁这一阶段。所谓的关键期，就是生命的起始阶段，是形成语言能力、身体能力，包括内在的秩序感的阶段。这一提法，备受认可，也就构成了幼儿园阶段广泛使用的蒙氏教育法、蒙氏教育理念。浅显来说，这个阶段就是促进孩子身体全面开发的重要时期。

　　其实，关键期蕴含了一种意味：人的某一些能力的形成，是有最佳时期的，如果错过了这一阶段，能力发展就会受到严重的阻碍，有的被堵塞，有的会陷入某些误区。其实这一阶段，就是生命内在性的充分生长的阶段。我们说的那些"生出来的"潜质，会体现得特别明显。在这一阶段，我们能特别明显地看到孩子的自发能力在充分的哺育与引导之下，而得到很奇妙的成长。比如，从语言成长来说，很多父母都体验过孩子语言的跳跃性发展特点，似乎蕴含一种无师自通的诗意性的发展过程（特别要强调诗意性的发展）。也就是说，语言本身非常奇妙，那些犹如天籁之音的话语，往往并不是你刻意教的，或者是系统地训练形成的。孩子独特的语言组合能力、语言的敏感性，还有诗性的语言表达，往往不是经过训练的那种刻板语言。在这一阶段的孩子身上，这些现象极为明显。

当然，从孩子的动作能力来看，包括力量感、技巧性、协调性，都有一个非常快速的成长期。后续的6~13岁，就是怀特海所说的生命发展的"浪漫期"了。

我一直在思考怀特海所说的"浪漫期"，"浪漫期"更为重要的是对身体的一种正面刺激，比如说非常充分的身体训练。这种训练不是一种技术性的训练，而是带有一种很强的自发性的训练，比如说运动，不是技巧性的运动，而是流汗性的运动——也就是让身体内在的功能得到一种极强的刺激。这样的刺激，让孩子的生命拥有一种极为活跃的状态。所谓的"浪漫"，如果没有和身体结合在一块儿，总是显得苍白，容易让人产生病态与偏执。所以，让一个儿童充分流汗，本身就会促进孩子产生一种拥有甜蜜感的自我回报。

另外一方面，我可能会更看重阅读，自由的、广泛的，凭着孩子兴趣所致的一种阅读。阅读，构成了人对未来世界、对人类前景、对自身发展的一种想象。阅读本身还有极为重要的一点是，它不仅仅是知识性的积累，还是良好的、跟身体内在性相一致的、对生命自我赞美式的一种习惯的形成。也就是，它能满足一种精神的需求，会让人产生对人生非常积极的态度。

我们不能把阅读仅仅看成是对知识的累积，虽然在早期的阅读里，可能与帮助他形成知识丰富的"童子功"有关系，但是我并不认为"童子功"有那么重要，"童子功"有很多都是记忆性的东西，并没有那么重要。记忆，实际上是一种比较低层次的能力，虽然原来有"童子功"的人都很看重这一点，我还是要郑重地提醒家长，不要以此为榜样。

我会更强调在阅读中让孩子产生一种对阅读的依恋，对阅读习惯的自我建构，进入一个更开阔的有文化传承意识的系统。这对孩子12、13岁之后形成更重要的、更健全的人格建设，将做一个极其美妙的铺垫。在我看来，怀特海所说的"浪漫期"其实就是由这两个元素所构成——阅读与身体的发展，也构成了更符合生命本质的一种课程体系。

如何让孩子处于平衡的生命状态里？

　　小米的妈妈刘尔笑在我们的优培群里和我谈论了她家小米的成长状态。小米很小的时候，我在铜陵第一次见到她，那时小家伙特别瘦小，很胆小，也很害羞。像我这样很会撩小朋友的人，对小米也几乎束手无策。可见，那时小家伙的确把自己关得很紧。看着小家伙渐渐长大了，可以肯定地说，这是一个特别聪敏、特别安静，也挺讨老师喜欢的学生。

　　尔笑跟大家分享自己的育儿心情，说自己女儿性格太内向一些，不够主动，特别容易退缩，这些问题让她有些烦恼。以前尔笑还没工作，她陪孩子的时间是比较多的。那时，我就一直劝尔笑，最好有一个比较稳定的工作，她后来去读博士，我跟她也有过交流。其实，我当时的想法也就是关于家庭建设的重要性，包括孩子成长的重要性。因为我感觉到，尔笑当时的状态不是很好，所以虽然是在陪伴孩子，可是自己的情绪状态对孩子是有影响的。也就是说，她生活中焦虑的中心是自己的前程，是自己的未来，而不是真正的有充分的爱灌注在小家伙身上。

　　我们从自己的经验角度来说，会对孩子的成长有一些不同的看法，就是每一个人都有自己的朝圣之路，都有自己的求索之道，都能够从自己的经验里领悟出某些属于个人的、成长的秘籍。但是，孩子的成长一定有它共性的东西，我想到温尼科特所谈到的"孩子某些精神方面的问题在3岁之前就值得重视了"，也就是说，孩子很小的时候，他的精神状态在家庭里就逐渐开始形成，这一切都是"长出来的"。"长出来的"，当然是受父母的影响，尤其是受母亲的影响。

我们对孩子的"未来"，一方面，若从长远来说，每个人都有各自的命，每个人都有自己的解脱之道，每个人都可以找到最好的方式跟他人相处，跟自己相处，这肯定没问题。另一方面，我也从自己的成长里有一个很深的体会，今天这样一个世界，确实是更需要人际互动的生活。也就是说，人与人之间交往的能力、交往的状态、交往的信心越来越成为人社会化发展的一个核心素养。实际上，所有的人都需要与人交往，所有的事都需要与人交往，几乎每时每刻人与他人都构成了一种联结的关系。你必须与他人联结，这个世界不属于孤独的人，不属于独揽式的人。所以，家长在这方面对孩子有积极推动的意识，也变得更为重要。

当我们发现孩子身上有某一些不足的时候，一方面我们当然要接纳他的不足，也要了解他不足的源头在哪里；另一方面，还要用一种让他接受的、比较温暖的方式去推动他、影响他。后来我给尔笑的建议是，与孩子要增加一些身体的接触，比如拥抱、亲吻……呵呵，其实不能说"增加"，应该是"多一些"：多一些拥抱，多一些亲吻，多一些热情的话语，甚至需要有意为之地给孩子更多的鼓励与赞扬。一个孩子，比如小米，本身就是很敏感的，到现在还会说"你们是不是不要我、不喜欢我"这类的话，是很让人心疼的。作为父母，需要非常有意识地让孩子的心田得到温暖，这很重要。

我觉得，谈论这个问题，我们也不是说多跟人交往、主动跟人交往，你今后的发展会更好，这还是低层面的。更重要的就是，为人父母者在这个世界上活得越有信心越自如，越擅长跟周遭的一切打交道，就更有助于孩子形成有自信力的、平衡的、和谐的生命状态。

我这么说，其实意味着幸福感是跟自信力有关系的，幸福感也跟我们处理各种复杂的人际与自我关系有很大的关联性。如果要说我自己的话，我觉得我也是在慢慢挣脱自己童年的不足，这真的是一件挺艰难的事情，有时也会特别痛苦。现在活到这个年纪，才慢慢地走出来。在童年的时候，父母从来不觉得这是个问题，也没有谁真正地鼓励过我，一切靠自悟，自我挣扎。不管你成为什么样的人，如果在具体的生活中不能从容应对，这都不是好的事情。

我今天的谈话，不是仅仅回应尔笑，我们各位也都是为人父母的人，各位也会遇到孩子成长中的各种问题，我们都需要一种改善的自觉：一方面是去接纳、去理解孩子的处境；另一方面，用合适的方式鼓励孩子、推动孩子。更为重要的，你做这一切时，也在跟孩子共同成长。

了解学生成长的需求， 让生命更美好

在教育中，学生的声音、学生的需求、学生的立场，其实是最重要的一部分。从学生的声音与立场来说，教育需要考虑的最核心的问题，就是他们的需要。

泰勒在其著名的著作《课程与教学的基本原理》里谈到过学生需要的问题，他认为学生的需要其实可以分成三种类型：一种是生理性的需要，如对食物、水、身体活动、性之类的需要；第二类需要是社会性的需要，如对情感、归宿感，从社会群体中获得地位与尊严之类的需要；第三种是整体性的需要，就是个体对自身与更大的、超越自身世界相联系的需要，也就是人生哲学的需要。这三个需要，构成了所有儿童持续的、不断产生的最为本质的需要，满足这三方面需要的责任，也是学校、社会，包括家庭都要共同承担的。

如果把这三者做简单的还原的话，第一个需要是生理性需要，它可以称为动物性的需要、肉体性的需要，是人最为本质的需要。人成其为人，人作为一种具体的生命存在，对食物、水、身体活动的需要，包括性需求之类，这些需要是与生俱来的，甚至在母亲的子宫里一开始就形成的。所以，这是绝对不可被剥夺的。被剥夺，就意味着生命的丧失。另外，如果对它妄加限制，不断地压迫、扭曲，会对生命的健康、人精神状态的平衡，对人身心的愉悦感与幸福感的获得，造成极其严重的负面影响。

第二种需要，可能从教育角度来说是更为核心的需要，就是社会性的需要。我们说到应试教育，说到学校教育目的的时候，其实重点是放在这第二个部分的——就是从社会群体中获得地位和尊重之类的需要，提升社会、家庭到个人的阶层的需要，突破个人成长的瓶颈，提升个人成长的空间的需要。实际上，我们对教育的认知里，教育最重要的号召力，最能刺激与影响人的，都在这个层面上。但从今天中国的学校来说，个体精神成长方面的需要——精神的超越性的需要是被严重忽视的，或者是被严重压制的。其实，孩子更应该跟世界建立一种更开阔的关联，使得生命变得更有意义，生命有形而上的价值，生命有自由飞翔的可能性。

说实在的，通过教育，实现人的阶层提升的时候，其实它强调的还是教育对人的"物质性"的成全（我把它称为"物质性"）。如果是精神性的成全，更根本的应该是让人做自己，让人成为自己，让人成为自己喜爱的人，有自由支配、自主发展、主动规划的意识和能力，有很大的找到自己人生方向的可能性。

在我们学校里，学校的规训系统跟人的发展系统是相对峙的，或者说让人有一种严重的紧张感。因为要实现某种所谓考试的目标，恰恰要剥夺个人的自由时间，抹杀了孩子们自由思考、自由想象的这种可能性。像有些中学所说的，"一睁开眼，就进入了竞争的状态"，是与他人"斗"，把同学、同龄人变成敌人。这其实也是跟自己斗，把自己变成自己的敌人。学校提倡"对自己要狠"，其实"对自己要狠"，是把自己的生命存在变成一种竞争工具，为了竞争，可以不断地压迫自己生存的空间，压迫自己自由支配生命的时间。

青少年自杀有几种情形：一种是所谓的成功者，实现了父母、学校，包括自己原来所期许的目标之后，觉得人生变得没有意义了，陷入了一种巨大的虚无与恐慌里。还有一种情形，是在这种竞争的路上，被不断加压之后，发现这条路实在不是自己要走的，人生也变得没有意义了。第三种情形就是，生活如果没有自己的甜蜜，体现不了自己的价值，没有自己的生活方式，生命就会陷入一种绝望境地。生命的无意义感，存在的无价值感，人生的无方向感，形成了生命里最大的麻烦。

我们今天的教育，不断地窄化人的视野，不断地把人竞争化，不断地把人异化，使得生命处于可怕的危险之中。这是我们很多的教育管理者，思考甚少的，或者几乎就没有进行这种思考的。有人说，我们教育的麻烦在于两个方面：一是很多的教育管理者是无知的，没有最基本的专业理解力。另外一种是，虽然有理解力，但是对很多现象视而不见，听而不闻，一意孤行，功利至上，这样的人其实是缺少道德感的。其实我要说的第三种类型，是无知再加上无道德，他们更是使得教育变得越来越荒诞。这就是教育真实的格局，所有的改变都是难的，改变更需要从家庭开始，也许这既是可能的也是最为重要的，父母之爱引领着孩子能有更强大的勇气去面对各种各样的挑战。

我对儿童发展的惊喜发现

前几天在苏州，有个朋友的女儿说要跟我单独聊聊天。这个小女生读小学三年级，她跟她父亲提出来，她父亲也挺支持的，所以后来就跟我聊了一下。

说是聊天，其实带有点告状的意思，就是要把她生活中（主要是家庭生活中）所受的委屈跟我说一说。她先从她跟她妹妹的关系说起。她的妹妹读幼儿园中班，她说她挺喜欢妹妹的，但她妹妹总是跟她捣乱。比如说，把她喜欢的东西弄坏，最严重的是，把她养的蚕给弄死了（她把蚕都藏起来了，但藏得不够严密，被她妹妹发现了），而后扔到垃圾桶。对此，她伤心欲绝。还有她画油画，妹妹总是拿她的颜料乱涂。如此种种，说了好几件事情，都是她妹妹的捣乱、破坏（用了她的词）。

但是在跟她妹妹的关系里，让她更受委屈的是，只要跟妹妹有不愉快，妈妈总是骂她，总是觉得她不对，总是觉得她作为姐姐要让妹妹。有时妹妹做了很坏的事情，妈妈也很少会批评妹妹。所以她感到妈妈不公正，觉得妈妈助长了妹妹的不良做法。

后来，我也见到了她妹妹，是幼儿园中班的小朋友，长得像洋娃娃一样。我观察了一下，好像她们在一块儿的时候，她妈妈确实都是批评姐姐，两个人在游戏，妈妈总是叫姐姐让着妹妹。后来我发现，由于母亲对待孩子的这种方式，妹妹就有一种撒娇装小的倾向。妹妹已经上中班了，但是我感觉她就像只有两岁多的一个小孩，她会装小，装傻，装幼稚。说出来的话，有一些你又会觉得像是幼儿园中班的小孩的话，但行为上又像一个两岁多的孩子。

所以，父母有时对孩子的某种偏袒，会助长孩子"老长不大"的势头，这是一个挺有意思的话题。这个"老长不大"，跟父母对她的教育，甚至父母对她的期待都有关系。因为有些父母，特别是两个孩子的父母，对大的那个，就希望她快快地长，对小的那个，则希望她保持着婴儿状态。

她告的第二个状是她的母亲，对此也说得比较多。她的母亲是个教师，她特别不满母亲的唠叨，一天到晚唠唠叨叨，没完没了。一件事情，不是说无数遍，而是一天说到晚，按孩子的话说，是"一年说到头"。尤其是对她的作业，对她的每次考试，总是有太多不满的唠叨。这孩子的学习属中上水平，可能没达到母亲的期望值。

她特别不满的是，母亲老是在考试一考完，就到老师那边看试卷、看成绩。她说了一个观点：你总是会看到成绩的，我也总是会把成绩告诉你的，你为什么要提早去看呢？为什么要这么急着去看呢？孩子觉得有点受到伤害，感觉母亲对她的学习的注意力都在考试成绩上，只要考得不好，或者说没有达到母亲的要求（其实是一直达不到母亲要求的），小朋友就感觉心里很烦。她跟妈妈提过，但她认为妈妈是一个听不进去别人观点的人——这个说起来就有点严重了。

当然，小朋友还说了一点，从她的角度来看，她跟她母亲比较难沟通。你看，她跟她妹妹的关系里，妈妈站在妹妹一边，总是无原则地偏袒妹妹；学业上，也无法正常沟通，因为她跟母亲在一所学校，所以一直在母亲的掌控底下，这真让她有点不愉快。说到父亲，她觉得她和父亲关系比较好，但是又觉得父亲有时情绪会失控，会很暴躁。当然，小朋友不知道父亲暴躁的原因，她就是觉得父亲情绪失控挺不好的。

三年级的小朋友，主动跟父亲提出来，说要跟张文质伯伯谈谈心，倾诉自己的秘密，而且不要父亲在场，这种行为方式还是让我有点惊讶的。我觉得这个孩子，心智上还是比较成熟的。而且她告诉我，其实她也没希望我给她解决什么问题，只是特别想跟我说一说，也就是倾诉吧。小朋友对我这样信赖，也让我感到欣慰。其实，我只跟她见过一次面。当然，她的父母经常会在家里说起我，说他们在教育孩子的时候经常会引用我的观点。所以，小朋友觉得跟我说一说，可能心里会好受一些。

孩子的有些观点，让我有点惊奇。比如，她会说她父母可能会花一整天的时间去唠叨，就不想着出一点点能力去改变。我说：哎哟，你说的这一句是金句哦，很精彩的。也就是说，她对父母在教育她们的方法上是有些不满意的。这一方面我特别有感触的是，其实从 90 后、00 后到现在 10 后，孩子的变化真的非常大，这个变化，跟中国社会整体性的一系列变化是有紧密关联的。孩子心智的发展，也就是现在有人说的，"孩子变了，父母一直都没改变"，或者说，孩子的心思挺复杂的，父母还是用很简单的方式对待他们。孩子会更看重自己多方面的发展，有些父母还是只在学业上、成绩上严格要求他们。

还有一点更重要，今天的孩子会希望父母能够真正地倾听他们的声音，父母能够自觉地变革自己，父母要从自身所受的教育、所形成的观念，或者惯常使用的跟孩子相处的方式里走出来。我总是会跟朋友、亲戚的孩子，或者偶然在家附近遇到的孩子说说话、聊聊天，观察孩子与我呼应的方式，包括他表达的状况，实际上他们总是会给我一种惊喜，这种惊喜跟我一直对儿童发展的期待也是相一致的。

教育启示：教学现场的观察与领悟

如果说，教育真的有朝向更积极方向的变革的话，这样的变革肯定是从研究儿童开始的。所以，我经常会说，实际上我们的教师，首先要成为生命的引导者。

小学语文教学中，应避免"中老年气质"

今天，我想跟大家分享一下小学教育中的一个问题。

这些年，我经常到小学听课，小学名师（尤其是语文和数学名师）的很多课我也都听过。听语文课的时候，我有一个很有趣的发现：语文老师的板书有个特点，对课文的归纳，都是越简约越好。因为大家认为，简约是最能体现某种准确性的，所以要简明扼要，以一当十，惜墨如金……字数越少，它的概括性越强，很多语文老师认为这是一种真功夫，硬功夫。

前几天，看到一位朋友谈到语文教学设计上的"一字诀"，一篇文章能不能用一个字来概括？我在微信上跟他做了一个简单的交流，我认为这是从教师的角度、从设计的角度来看待一堂课，对年轻老师来说，一方面是功夫的问题（功夫还没到位）；更重要的一方面是小学生学语文，有没有必要用这么精确、这么概括、这么提炼的方式来学，这是更值得商榷的。当然，我还有一个思考：其实这种简约、简洁、精确的方式，是一种属于中老年的气质。

在我看来，我是很希望教师在课堂上有更丰富的词汇，更个人化的词语，更个体化的理解。我经常会跟老师们说：你发现学生有新奇的词语不妨写在黑板上，让个人的词语成为大家共同学习的词语；或者老师在课堂上表达了某些词语，也可以写在黑板上，成为孩子们共同学习的词语。也就是说，在课堂上，可能更需要有一种丰富的、多样的、个体的，枝繁叶茂的，更为开放、更为复杂的语文的学习。

我的这么一种思考，其实也跟孩子学习语言时的思维进程有相一致的地方。其实，孩子的思维进程是从丰富走向简洁的，首先要鼓励他们丰富，尽可能丰富，尽可能对词语有好奇。也就是，要让孩子对词语的好奇高于对词语的准确性的理解。比如说孩子词汇的累积，对积累词汇的兴趣，对词语背后意味的个人探寻，这都是学习语文很重要的一个部分。删繁就简，其实它是一个成长的过程，那种对写作的质朴、平易、简洁、意味深长的要求，其实是一个更高层次的要求。有时候，我们会以为简洁、精确是低要求，其实那是更复杂、更高的要求，那是一种水到渠成的功力，当然，这也跟中老年气质有关系。人到了中老年之后，返璞归真，不但是语言发展的一个状态，其实也与人的心境，人对自己的喜好之物从繁华归于淡泊有关系。

这里又涉及另外一个问题：语文教学，我们到底要教什么？比如刚才所说的，这么精确的"一字诀"教学设计，它是特别强调"我要教你什么""我这么教你，你顺着我所教的去发展语言的能力"这种方式。实际上我想的是：这种教的方式，是不是孩子学习语文最重要的方式呢？在学习语文时，有哪些东西可能不是需要那么教的呢？我觉得，有些知识可能不需要那么精确，比如说某一些对诗歌的理解，就说杜甫的《绝句》："两个黄鹂鸣翠柳，一行白鹭上青天。窗含西岭千秋雪，门泊东吴万里船。"像这样的绝句，厉害的老师可以教一节课、两节课，甚至教更长时间，教得非常深刻。但有时候我对这样的所谓深刻，会持某种疑议。我认为小学生，他就可以以小学生的方式来理解这样的诗文，可能读到中学，会重新再理解；读到大学，还会再理解。实际上，他可能一生都会不断地理解"这首诗"。

今天，我正好看到一篇文章，讲了一个旅居海外的华人作家，教孩子读唐诗。读一行，"隐隐泪伤流"，他有一种故国情怀、家国情仇，哪怕他对杜甫的《绝句》也会痛哭流涕。但是我们不能把这样的痛哭流涕带到小学生的课堂里，甚至也不必把解释为什么"一行白鹭上青天"这个"一行"就是最好的，"两个黄鹂鸣翠柳"为什么是"两个"……你把"一行""两个"说得神乎其神，我觉得未必是好。也就是，中国诗歌里这种"诗眼""文眼"的提法，有时候用在语文教学中，看来也是有麻烦的。

我们的民族，在创造力的培养方面，实在很不给力。当然，你说这首诗歌，它就是非常有张力、很有韵味，需要强调，但是过分地、过度地、过多地强调了这一种东西，对多元解读，其实也是一种限制。从教学来说，更是这样。也就是，有些知识是不必追求这么精确，不必追求这么简约的。我可以这么概括，"反复出现，需要不断解读，最后解读着会把生命带进去的知识"，是不必追求这么精确的。当然，有些知识是指常识，或者共识，或者是普世价值，这些就需要更准确的传达。这种更准确的传达，也要跟孩子的体验，跟孩子的生命成长、理解力的成长关联在一起，就是真正帮助孩子形成世界观、价值观、人生观、生命观等。

但作为一种学习语言的文本，其实在教学时更为重要的逻辑是：思维比方法更为重要，方法比知识的准确性重要，具体知识的丰富多样性也比理解的正确与否重要。研究小学教育这么多年，我更愿意把名师课堂看成是名师"演课"，就是在示范课堂上，他的很多教学方法可以借鉴，但不应认为是一种常态的课。也就是说，这种示范的课，是教师"教的示范"，课堂的那种精致，还有磨课，把这方面的追求过度强化了。我对过度强化背后提出的疑问是：你这么教，有多大意义呢？你这样教，能管到他多久呢？回过头想，这样的教，能在孩子生命里到底留下哪一些呢？

身体课程和梦想课程

　　关于课程，我有一个我自己觉得比较有趣的思考。我觉得，课程实际上可以分成两种：一个是关于身体的课程，另一个是关于梦想的课程。身体的课程，当然是从身体里生发出来的与之相关的运动、习惯、规则、安全，良好的礼仪、卫生的习惯，包括对身体本身的认知。它还有另外一方面的内容，跟在场性有关的，就是对土地的、对自然界的、对生物的……或者可以称为对已有事物与现成事物的认知，这都跟我们身体是有关的。从身体来建构课程，我在这里也可以用思维导图来重新建构。

　　重新建构包含几个核心要素：一个是指向于健康，指向于身体健康、身体能力与身体的品质，特别是愉悦感、幸福感这方面。另外一个指向梦想课程，梦想课程是非现实的，是形而上的，是不在场的。比如说，它可以是"无中生有"（文学的），它可以完全是想象的，现实生活中并不存在，只存在于人的精神世界里的。它也可以是艺术的——这里的艺术主要不是身体的艺术，不是体操、各类舞蹈，而是音乐、绘画等其他方面的。也就是脱离身体，而又能想象出、再现出、表现出的这个领域。

　　其实，有很多的学科从现实的角度来说，我们需要了解它的学科历史跟人类的生产、生活有关联，但它更重要的是指向未来的。所以，知识的目的是一种建构，建构你的想象世界，建构你的理解力，建构未来可能的一种生活。

我想到这样的课程，就觉得非常有趣。如果用这样的课程来理解，其实身体的课程，它也是重新来建构的，它也一定是多领域、多学科渗透的，也就是，它是一种融合的、打破某些界限的、重组的课程。从某种意义上说，这需要我们去想象、去推演，但是当我们说到身体课程的时候，你一定会有感触。就说学生的管理吧，其实如果把学生的管理放到身体课程里来看的话，它就不是一套的规范，不需要强制的执行，而是从其他领域的学习中，它自然会导出对一种规范的遵从。

比如说，我经常谈到体育的意义。实际上，体育的意义就是通过运动的方式，首先实现人们对规则的理解，对规则价值的认同。同时，规则也是在理解性的基础上获得的更深刻的认知。从身体课程的角度来看，实际上我们由此会更能理解健康、快乐，以及身体的各种技能、身体的品质，对生命的意义。比如睡眠问题，对时间的安排，休闲的习惯，包括自己对权利的更深刻的理解力，或者说如何运用这些权利，这些同样能开辟出一种课程来。

我们不妨用另外一个通俗的说法来解释：身体的课程会更接地气，更有土地性，会更多地跟大自然关联起来，会跟我们生命自身的物质性关联起来，包括人身上的很多身体的能力，它都是一种物质性的能力。一方面，通过身体的强化训练，让身体有一种更好的技能。另一方面，我们知道身体的边界，知道作为人、作为个体的局限所在。当然，这是我天马行空的一种想象，就是以身体来建构在地的、具体的人的生命性的思考。

梦想课程是一个上升的、气体性的课程，它也是梦幻的，确实让人有种向往，知道有个更好的、更快乐的、更有魔幻色彩的世界，需要我们去期待，去想象，去建构。我这几天听写作课，有个不满意的地方，就是我们的写作课过于强调训练，过于强调有范本，过于强调对写作规则的某种知识性的灌输。我觉得，如果按照我的"梦想课程"来做，肯定不用这样的方法。我会首先遵循文字的表达，最核心的源泉是来自于生命里潜在的可能性。也就是说，有很多语言是在语言环境里蹦出来的，可以自我重组，也可以用自己的很自然的方式找到一种表现力。当然，从语言发展的顺序来说，它肯定是先说后写，而且说的能力的发展也是要引导到说者建立起自己说的顺序，"建立自己说的顺序"既跟"书面规范"有同步的东西——有的是符合书面规范的，也有的不一定一致，但是在说的逻辑里面，它是贯通的。然后，让孩子热烈地说，可以持续地表达，可以更丰富地表达，最后找到自己的一种表达的空间。

从梦想课程来看，我觉得规则、规范、评分式的评价肯定不是它最好的方式，可能更重要的是推动的方式、鼓励的方式，包括有时候要讲究点醒的、点燃的方式，这可能是孩子起步阶段更重要的一种引导写作的方式。

对于这个问题，我想得还不够彻底，我只是把想到的先跟大家分享。大家可以顺着我的思路给我提更多更好的思考角度，我们一起来完善这个话题。

课堂上需要更多的"谈话风"

今天听了一节课《半截蜡烛》，所以我想从听课评课这个角度，来开始今天的夜聊。

课堂教学有诸多的规定性的要求，比如说有时间长度、教学目的、根据教学目的形成教学规划性；根据规划，它是需要设计的——也可以说课堂是要有设计感的。所有的课堂，都会为实现这样的任务目标，有多方面的要求。课堂教学的任务感，表现为它必须为完成既定的教学任务服务。但另一方面，师生在课堂中的交往，又有一种生活化的交往状态，比如师生间为了完成共同的教学任务和目标，同时要有情感、言语、形体等方面的多维互动。

所以，从课堂的文化意义来看，作为任务，课堂总有任务化的紧张，有既定的节奏，有某种任务化的追求。它还构成了一种对智力的挑战，对学生知识成长的感召与吸引。从生活化的角度来说，这种学习方式是生活方式的一部分，所有的知识的学习，都需有情感的酝酿，或者情感的烘托，或者情感的渲染。也就是说，它是一种很特殊的生活形态：既是一种知识发展，又有情感的熏陶，人和人之间情义的互动。对教师而言，在课堂上，他既是导演，同时又是参与其间的演员，需要生命的在场。对每个孩子来说，一方面，他有一种生命的被动性，这种被动中，又表现出他被任务感召，被教师的设计所牵引，被课堂进程所吸引，当然这其中也有被动性；但另一方面，这种被动中又有一种主动性。学习是他的志趣所在，任务所在，他对这样的学习有强烈的渴望，身心情感会投注其中。我说教师的从容感，一方面，从知识来说，教师驾驭课堂的从容，是和他理解得深刻与否关联在一起的。教师深刻的、开阔的、丰富的理解，会带来具体的教学状态、教学驾驭的从容感。这种从容感还来自于他始终要明白，一节节的课堂，只是学生生命成长的一个部分，就是明白教学的真正目的感是要大于任务感的，这个目的感要促进学生精神、身体、责任、勇气等方面的成长。这是一个非常长远的目标。所以一节课是不能急于求成的，一节课无论怎么丰富，它总是有限的。目的感会指向学生的一生，教师有了这样的开阔思考以后，课堂就会有融会贯通、兼收并蓄、信手拈来等特色。可以说，这样的课堂就变得更为灵动精彩了。

其实对我而言，在听课后哪怕只是做几分钟的评点，都是一件很困难的事情。因为在大庭广众、众目睽睽底下的这种表述，它需要一个漫长的训练过程，也需要个人一些独特的品质。所以，有时候我会把教师上公开课看成一种"演课"。所谓"演课"，它确实是需要一种非常独特的表演才能的，教师作为一个手艺人，实际上要经过非常漫长的历练，"演技"才能炉火纯青。另一方面，公开课所展现的课堂特征，跟日常的、每日在进行的教学又有不太一样的地方。作为一堂"演课"，它所呈现的是教师最独特、最凸显的素质；从课堂要达到的目标上看，实际上它具有一定的启迪与示范性的价值特征。

在我看来，教师要有一种造型能力。这个"造型"，是要明白课堂要达到的目标，并对此有非常清晰的造型能力；另外，教师在课堂中的表现，要有足够的自信。当然，有时候我们去看一个课堂，我们只能看到我们所能看到的，但更多的我们可能看不到。其实很多老师在课堂上，从情感来说，也有一个跌宕起伏的过程。比如，你在这节课里觉得最困难的地方在哪里？教学的转折在哪里？最后教学获得——就你而言，你的喜悦在哪里？同样的一篇课文上了六七年之后，或者几百场之后，你如何保持生命的热情？如何在重复里仍然获得高峰的体验？

这对一个教师而言，其实都是非常重要的一种生命启迪。

我也用我的方式把《半截蜡烛》这堂课做一个梳理。在我看来，这堂课有六个环节。

第一个环节，实际上是对课文《半截蜡烛》做一个疏通，也就是对故事做一个疏通，重点放在关键字词的研究上。

第二个环节是复述故事。其实"说故事"是学生语文素养里极其重要的素养之一。"说"的能力，既是对故事的理解能力，也是非常重要的表达能力。当然，更为重要的是，"说"本身会体现出一个人语文的某种魅力。所以说它是语文一个重要的训练环节。为什么现在不重视复述故事、不重视说故事、不重视演故事？因为从考试的角度来说，是没办法体现出对它的评价的。

第三个环节，在说的基础上，重新来品故事。重点强调文中的紧张是怎么制造出来的。

第四个环节，重新回扣题目，强调小说的结构，让学生对小说的理解重新做一个梳理。

第五个环节，落实到写作能力上。落实写的时候，强调个人化的理解，强调个人化的表现。我特别欣赏这位老师的做法，他让教学回到了生命的个体，回到生命有差异性的阅读视角。

最后一个环节，对小说的读法重新做一个总结。

在六个层面背后，我可以对它做一个归纳：整个教学，从教学设计到课堂预想，以及最后的完成，有一种非常强的戏剧性的思考。结构上，精心设计；课堂进程上，有细致的布局。可以这么说，高明的老师在课堂上那些看似随意的语言，其实也是在心中反复琢磨的，看上去妙手偶得，其实是千锤百炼。在这种戏剧性的课堂上，最为凸显的（也就像我们今天在课堂上所看到的），还是老师的风采。也就是说，它的视角中心应落在老师多重的身份与角色的表现上。

但今天上课老师的课堂与以往的课堂又有不同的地方，就是对整个"戏剧"完整地推进，用的不是一般意义上的"起承转合"的方式，而是采取了一种谈话风的方式。跟学生细致地对话，深入地交流，耐心、富有趣味性地用谈话风的风格来完成戏剧化的结构。这使得课堂显得灵动不呆板，老师个人的风采隐藏在跟学生对话的过程里，而不是以教师课堂表现为中心。这是对一个优秀教师来说，特别成熟的地方。

对于这节课，我还认为，"成熟"既体现出了教师对语文教学的追求、意欲形成自己风格的这一意识；另外，"成熟"还包含一种"中年气质"。所谓的"中年气质"，就是逐渐更多地把课堂看成是一种生活形态的师生交往，而不是戏剧性的教师表演。所以，教师在课堂上有种从容感，不担心学生出现的任何问题，以及课堂上出现其他的意外，教师会有一种随机生成的智慧与驾驭能力。这种智慧与驾驭能力，是需要生活的历练的，是需要时间的积淀的。所以，我把它称为"中年气质"。到了老年的时候，你会更质朴，更返璞归真，但对年轻教师而言，不必过于追求质朴，不必过于追求平淡，年轻教师可以激情，可以有更高度的戏剧化表演，可以有更精妙的课堂构思。年轻教师有非常强的个人表现欲望，其实都可以理解。

但是，我对课堂还有一个思考：有时我去听课，我不知道学生对这篇文章的真实的理解力。你只有跟他细致地交流之后，才会看到某种我们意想不到的思维火花。因此我想到，如果我们以谈话风为导向的话，学生的思考会不会变得更精彩？在我们没有讲之前，学生会不会都知道了呢？我们的教学是不是就建立在学生真实的理解力基础上呢？是不是要引导学生更深刻、更丰富、更个人化地去解读呢？……

所以，我觉得对于课堂的结构，我希望有更多的谈话风的因素，有更多的"不完整"的教学，教师能更多地在课堂上随机生成。

教育的着力点，应该放在什么地方？

我一直在思考卢梭所说的"童年实际上是用来浪费的"这句话。卢梭所说的"童年时间浪费"理论，是一个充满教育意味、充满启示性的概念，我想的是，实际上"浪费"是指非功利性的、非目的性的学习。时间浪费得越多，童年成长得越好。也就是说，这样的学习不是针对具体的技巧，不是为未来的生活做准备，也不是为了具体要达到的某个目标。实际上"浪费"里很重要的、确实还需要强调的，是它无目的、由身体所引导的、以个人趣味为导向的特点。就是你所要浪费的方式是不同的，你所参与的活动、你所感兴趣的领域、你所要行使的"浪费"的目的，是非常不一样的。

我想这个问题的时候，是把它跟怀特海的"浪漫期"关联在一起的。当然，我没有做深入的研究，比如说怀特海的"浪漫期"与卢梭的童年思考，有什么样的承接性，但总体上我有一个比较明确的、萦绕在我思考中的重要的基点：提倡童年学习的非教育性。这是我经常思考的。

学校建立了一个教育的基本形态，这也是工业文明所带来的基于效应的、基于明确发展目标的一种模式，也可以看作是更专业化的对人的训练的一种方式。其实，我们一直在思考这种教育形态的弊端，在课程活动方式、检测等方面，也都有一个反思性的对应的变革——就是尽量把学习的焦虑、考试检测的压力，包括学校规训化的危险做降低式的删减。

所谓的教育民主，一方面是建立在尊重儿童的权利以及儿童身心发展的特性上的；另一方面，也是为儿童形成某种素养，逐渐形成最基本的共识而实施培养计划。

总的来说，学校有一种潜在的教育消极意味蕴含在教育过程中。卢梭所说的"童年是用来浪费的"，目的性非常明显，就是希望儿童不要过早地进入非自然的成长状态。他对成人社会及成人社会的规则、管理、文化非常警惕。怀特海更强调儿童身心经验的不断拓展，生命体验的不断丰富，提倡让儿童更多地去经历美好的事物，让儿童去形成对世界探求的好奇。

作为非研究性的思考者，我总是会看到这两者之间有种内在的精神性的亲缘关系。所以，我在前面的谈话中说了一个观点，我们在知识的教育上，可以有一种更乐观的思考：儿童是不容易被教坏的。这其中当然也有我自己的生命经验，是个人的生命经验在"说话"，每个人说出的所谓的理性的声音，其实都隐含着个人独特的经历。

这些年，我不断听课，听国内教育市场上很受追捧的名师的课。如果回到我刚刚的分析上来，其实我是一直怀疑这样的课的意义的，也就是它的表演性要大于教育性。所谓的教育性，就是这个课的研究核心是"怎么上课"，教师全部的素养与经验着力的地方就是"怎么上课"。当然，"怎么上课"对一个反复磨练的、富有教学经验的名师来说，他本身就能在舞台上表演得很精彩。但是，这样的课堂，"对学生而言，到底有多大的意义？"对此我一直有很深的怀疑。当然，我不是怀疑他们在课堂的舞台上表现的形态的东西，我更深的怀疑是：对教育（尤其是小学教育），我们引导的方向到底该在哪里？作为一个小学教师，最核心的素养实际上是要帮助儿童去使用他的时间，去发展他的身体，去扩张他的感官，去形成他精神的视野，去肯定他内在的独特的自我以及强烈的自我需求。

教育，有时候真的是一个难题。这个难题表现在，你要对教师进行具体的、单向的要求是容易的，但是要去丰富教师的生命，提升他们对教育的理解力，就太难了。所以我们的教学，有时会更着重于程式性的东西，更看重对学生的学业进展进行评价。这种评价背后，恰恰对这个阶段儿童的身心发展是最为不利的。

小学教育中，比知识教育更重要的是什么？

这几天，我一直强调了一个观点：对于小学阶段的儿童，在知识方面，老师是教不坏他们的。教不坏的原因在于，这个阶段的孩子实际上是没有对知识一点不漏的记忆能力的。对于这一点，我们每个人回过头看一下，基本上都是如此。小学阶段所学的知识，都是后来要不断重新学习的，不断再学习的。因为这些知识，其实都是最为粗浅的感知性知识。那么，小学教育中，比知识更重要的，是什么？

小学教育中，比知识教育更重要的，肯定是学生的生命成长，我会特别强调包括身体成长的生命成长。身体成长本身是生命成长的阶段任务，所以学校教育从设计来说，是要把它作为一个任务来设计的，要从形式和内容上，对孩子的生命成长给予充分关注的。所以，其实有时候我们会说教学任务分成"德智体美劳"，也会说到更为丰富的内容，这样的表达，是以任务感的方式来探讨的。我觉得比任务感更重要的是，提出教育内容的应有之义——就是从生命发展来说，这就是教育工作最为核心的工作，最为重要的使命。从生命成长来看，你不能随便放弃某一些教育工作，或压缩扭曲工作的价值——比如不开艺术课、体育课，只重视"主科"。

小学阶段对学生的身体教育，变得非常重要。当然，生命教育其实也是需要好好设计管理的。生命成长可分成很多任务，这些任务都可融会贯通，融为一体的。在此之上，在小学教育里，培养学生的兴趣和热情，也一定是高于具体的知识的教育的。作为教师，一方面，他要在意教学任务的完成；另一方面，对教师而言，对自己要有更高的要求，包括趣味、才艺、价值观、人生的丰富性的要求。因为在小学教育阶段，师生之间确实是以生命影响生命，以生命推动生命的，我们把它称为范本教育，也就是教师是榜样，什么样的教师会影响什么样的学生，教师甚至会影响到民族的未来。

反过来，我又可以谈到另外一个观点：教师有必要把小学阶段的知识教得那么精深、那么精确吗？考查得那么精准吗？其实，你所做的工作无非是，加深一些儿童的感知而已。这样的感知，其实是很难形成他的记忆和逻辑的，甚至还很难形成他的判断力。所以从教学的角度来说，非常重要的一点就是，要增加孩子学习的乐趣。学习形式最重要的意义（教学设计方面），就是要激发孩子的学习兴趣。让孩子形成兴趣的最重要目的，并不是为了获取更多知识，而是对获取知识的过程，形成他们独特的感知系统、感知习惯，对之后的学习产生积极的影响。

从儿童这一阶段的发展来说，通过他的动手操作，通过他的身体实践，通过和同学间的讨论、争论等，形成最基本的、最基础的理解力。更重要的是，要扩张儿童的活动视野，要让他参与到更多的活动过程中去，要让他有更丰富的体验，要让他像个儿童一样参与到自己的生活中去，去探究、去争论、去表达、去质疑，等等。这样的一种训练，对儿童形成习惯、形成学习的热情以及形成学习的兴趣，是大有帮助的。

我们今天的小学教育，确实是越来越精细化了，小学课堂的研究，也越来越严格了。所谓的严格，就是对教师学科教学精细化的理解力，对课堂表现的技巧，对教师课堂舞台表现能力，要求会越来越严苛。同时，又因为有教研机构的存在，使得听课、公开的教学研讨，并对教学状况进行具体、深入的评价，变成教师非常重要的提高专业能力的一种训练方式。这样的训练方式，带来更普遍的教学表演化现象，教学为所谓的教研服务的倾向越来越明显。实际上，它还导致了另一个结果，这样的公开教学会与日常教学严重脱节。回到日常教学，大量教师又完全处于一种"不会教"的状态。

但在小学阶段，"不会教"其实也是很难检测出来的，因为对学生知识方面的要求不高，对大部分孩子来说，他自身已经具备了基本的解读能力，具备被强化训练的、形成条件反射似的解答能力。这种反复训练，其实使得儿童的感知系统有格式化与钝化这么一种倾向。

所以，我们今天越来越多的儿童，对户外活动、身体的活动、身体的竞争，包括对未知事物的自然的好奇心，都遭受到非常严重的磨损。对学生而言，他们更感兴趣的是各种各样的电子游戏。电子游戏对迟钝、饥渴的心灵构成了巨大的吸引力。它是一种强刺激，也是一个程序化的互动方式。某种意义上说，确实无助于孩子感知能力、观察能力、判断能力的发展。

小学教育，要让儿童跟土地、跟自然、跟生活广泛接触，要尊重孩子身体的感受，发展他们身体的能力，这才是触摸到教育本质的教育形态。所以，对于一个教师，我现在会越来越看重他对儿童本身的研究。比如说，我们对课程的自主开发，它更重要的不是一种知识系统的建构，而是在对儿童身体，对儿童发展的心理、生理等特别了解基础上的一种设计。还有一点很重要，就是这样的课程，必须是能真正推动儿童积极成长、正面成长的一个课程系统。

如果说，教育真的有朝更积极方向变革的话，这样的变革肯定是从研究儿童开始的。所以，我经常会说，实际上我们的老师，首先要成为生命的老师。

我这么强调，是因为小学教育及教师的重要意义就在这里了。对教师来讲，一方面要对自己有专业性的要求，另一方面，教师本身的价值观、对美好生活的追求等，这一切都会构成对孩子的熏陶。对学校来讲，要给孩子大的引领，也就是引领孩子懂得社会的一些共识，共同的价值观。我们要培养有责任感有担当的公民，培养孩子们个人服务于社会的一种热情，这一切构成了他生命成长的价值背景或者成长的起点。所以，我觉得所谓好的学校、好的教育，也真的可以叫作"既相似又各不相同"。相似，就是美好的理念形态、美好的校园生活，构成了学校的一种共同色彩，在这个基础上才能发展学校的个性和特殊性。

小格局的教育寻求——"尺码相同"

前几天，我在微信群里贴了对一句话的调侃，就是这些年比较时髦的一句话，"寻找尺码相同的人"。我的调侃是，其实所谓的"尺码相同"，我们更多的会想到鞋子，想到衣服，这些是容易尺码相同的。

但我觉得，教育很喜欢用比喻，其实比喻是一件有麻烦的事情，尤其是这个句子。所谓的"尺码相同"，当然它可能指的是在精神向度上有相近、相似、相同的追求的人；也可能是指趣味方面相同，教育的追求方面相同，指教育实践层面上有相同的目标。但这句话隐藏着一个问题，实际上可能更好的表达是寻找那些同路人，寻找那些同道者，寻找那些同样富有个性、有着自己的趣味、有着自己的追求，但又有着共同的价值愿景的人。

所以有很多朋友在我微信里留言，有一些朋友就喜欢说这句"寻找尺码相同的人"，他觉得虽然比喻有些蹩脚，但是大体上能够表达出某种想法。而有的朋友觉得，我们原先讲的"君子和而不同"要比这个表达更开阔，更尊重生命的个体差异。像费孝通先生所说的"各美其美"，可能更为精彩吧。

有时候我们的教育研究、教育实践，或者被称为教育实验，经常有具体的规划，规划目标、规划它的基本价值观、规划它的评价方式、规划它的课堂特征，等等。今天，其实我是越来越怀疑这一切的。我更愿意把教育还原到儿童自然而又丰富的成长上，还原到课堂丰富而又有非常强的临场性的生活特征上，还原到教师作为生命个体自由灵动的属于个人的追求上。也许我们要寻找的，应该是一种大的共识，而不是小的尺码。我们其实对同行者，或者说合作者，也需要有更大的勇气去包容，甚至去肯定彼此之间的差异。

对于大的共识，我有时候会这样想，人在具体的处境里，总会首先想着去适应社会，但是作为基础教育，具有生长性特征，它不仅仅要适应社会，还要为未来社会服务的，需要有时间感的。比如，我们所做的一切，过了十年二十年，甚至更长的时间，我们是不是依然可以说自己做得是对的呢？依然可以说我们带给学生的东西是正确的呢？也可以说，我们没有参与到变革中去，而是把人类的梦想，人类共同的价值，提早在孩子的身体中种植下来，让它们生根发芽，成长为大树。而这些种子是从哪里来的？是从人类共同的梦想中获取的，它必须做人类共同的梦，体现了世界的大同，体现和平、民主、自由等价值观。

同时，对这个时代而言，合作已经变成一种基本的生存方式，或者说工作方式。也可以这么说，我们需要跟某一个"尺码相同的人"合作，但有时候更要想到的是，要跟"尺码不相同的人"合作。既需要跟同道同行，可能也需要跟非同道寻找某种合作，建立共识，或者获得妥协的可能性。有时候，对手也是合作者，对手也可能是我们更为重要的促进者，其实我们都可以在更开阔的思想与价值的视野里，去对合作做一种考量。

同时，教育确实又有一种非常重要的特征，这个特征也许我们可以把它称为一种积极的、开放的价值中立。我说"积极的与开放的价值中立"，其实是指在基础教育中小学的课堂、校园里，学校所要倡导与宣扬的一种文化，确实应该更多地呈现出人类的普世价值与人类的基本共识和信仰。也就是说，我们没有必要把太多的精力放在对所谓的"尺码"的辨析上。或者用另外一种表述，就是我们要尽量少一些对"尺码"的争议，少一些思想的论辩，在价值观上不要有太多的对创新的期待。技术可以不断变革，但基本的价值观、价值愿景，是应该相对稳定的。

有一次，我参加一个很大型的峰会，很多朋友在做着不同的项目，不管现在取得了怎样的成效，他们都有很艰难、很曲折、很受挫败的经历。当你选择了你要做的事情，同时又有一个坚定的信念，总是会有峰回路转的时候。峰回路转，其实就是生活的常态，就看你能不能坚持，看你能不能在坚持的过程中，不断地去精进自己的专业素养，去精进对生活的洞察力。一个人的自我变革，其实只有通过学习才能得以真正的实现。所以，每个人对这样的基本价值观都可以有一些自己的尝试，自己的理解。这样的一种丰富性和个人性，恰恰构成了对基础教育领域的这种中立思想的开放性的尝试。它是从保守中呈现出的一种开放，从单一中呈现出的丰富，在平静中呈现出的生命激情。

不知道我这样的表达，你们是不是也有共鸣呢？

我们的办学理念，应该如何表述？

在昨天的夜聊里，我谈到了对"寻找尺码相同的人"的这句话的看法，其实谈对这句话看法背后，我不仅仅是针对这样一个句子，而是觉得教育有时候会有一种过于诗意的表达，对此我是比较谨慎的，我觉得这样的表达，可能是有问题的。

昨天，也谈到了过于诗意的麻烦和局限性。我觉得，在教育表达里，一些所谓理念性的表达需要更谨慎、更有弹性，语言应更有张力。

也就是说，这个表达它不能隐含着某种偏执，某种武断，同时，要避免表达里有很多概念的瑕疵。也就是避免概念本身存在很大的缺陷，或者漏洞。

我记得有一位校长跟我说，他谈到学校办学理念的时候，想引用一句更为有名的话——"让学生过幸福而完整的教育生活"，其实这句话，我也是觉得有很多值得商榷的地方。"追求教育的幸福"与"过幸福的教育生活"，是两件事情。说实在的，"过幸福的教育生活"是一件非常困难的事，这个困难是显而易见的。但是，"追求教育的幸福"它有另一个含义。比如说从教育的历程看，我们获得幸福感，获得幸福的认知，获得对幸福的更强烈的意识和愿望，这是可以的。但是，当我们回味这一切的时候，我们是否能从中获得一种幸福的、美妙的记忆，这是另外一个层面的东西。

至于说到"过幸福的教育生活"，我会更多地想到，应该让孩子过丰富的教育生活，更多样化的教育生活，过能充分展现创造力的、能够尊重个人意愿的、更有助于个人发展的教育生活。至于"完整"这个词，何谓完整呢？我想可能要用"个人化的""丰富的""独特的"这样的一些词来代替。也就是说，我可能会用一些小词来代替大词，用一些不完满、不饱满的词来代替那些过于饱满的词；会用一些更素朴的词，代替那些大词或重词，这是我对某些教育理念的思考。

当然，这个提醒背后，也包含一种对教育的更谨慎、保守的态度。说实在的，我们的教育中确实是大词满天飞，还有很多忽悠人的词汇。

上次到北大附中参加 Life 教育创新年会峰会，这个学校是没有这些大标语的，学校特别朴素，更多的好理念体现在课程理念的丰富性、开放性、独特性上。前不久，我到杭州的新华实验小学，这所学校的校长是闫学，学校也是一所新的学校。新学校的所谓的能展示他们教育理念的，就一个句子——想象力第一。当然，校长也没有给"想象力"做更多的界定，她只是特别强调想象力的意义。有时候，我觉得一所学校的培养目标是很丰富的，很难用一种同理性的概念来表达。但是很多学校用很大的词，概念化地"宏观叙事"，大家也不知怎么去理解；另外还有一些学校有特别多的口号，零零散散，最后谁也记不住，谁也不当一回事。

从教育来说，让理念的阐释回归朴素，回归谨慎，回归到一些小词上，仍然是非常重要的一件事情。回归背后，就是还原教育理念本来应有的丰富性、多样性，同时，要更有意识地去加强对这种个体性成长的支持。所以，学校更重要的、最基本的教育立场，是做课程的理念，而不是那些贴在墙上的概念化的、经不起推敲的所谓的核心理念。

做一个有追求的校长，或者是有追求的教师，实际上他的阅读，他的开放性的理解力会帮助他变得谨慎，变得对言语谨慎，思想上也同时会变得谨慎。越是理解力强的人，阅读量大的人，是越会在教育之前谦卑的。有时候你会发现，你要去表达教育时是有困难的，同时，自然会提醒自己不要夸大其词，不要用一些经不起推敲的、有麻烦的概念作为一种口号来宣扬。

突围或改变：

教育困境中的思与行

教育焦虑，从某种意义上说，它是一个时代病，是一个时代的文化焦虑，也是这个时代的某种"设计"。从管控、经营，从体制的某一些逻辑来说，让人们保持焦虑是有多方面的功效的。

维持一种有意义团体的生命活力

前几天，一刀（著名教师谢云）的知行社十周年活动，我也发视频祝贺了一下。我就在想，其实一刀刚开始建知行社的时候，他也不知道知行社能走多久，能走多远，能产生多大的影响。其实很多事情，可能都有这么一个特点：当你在刚开始做的时候，你不一定能想那么远；当你刚刚行走的时候，也不知道行走的意义有多大，就像我们2010年建"优培"的时候，其实也没有想那么多，优培就建起来了。前几年，"优培"又停了。但是没想到有很多老师、很多同学都说怀念一起在"优培"听课的日子。

当然，我今天不仅讲知行社，也不仅讲"优培"。昨天我跟我的一个大学的好友，还有北京非常有名的出版社的七个出版家，一起聊。其实所聊的事情，我跟我的大学同学，著名的诗人宋琳，以及其他的同学也都多次谈过，就是在我读大学的第二年，华东师大成立了夏雨诗社，后来又出现了诗刊《夏雨岛》，那是在全国大学中比较早的一个诗歌团体。我当然也还记得我写的第一首诗，很稚嫩的样子。

这首诗也算是我诗歌的处女作吧，刊登在《夏雨岛》的第一期，也就是创刊号上。那个时候，很多同学写的诗歌都是差不多的水平。虽然华东师大的中文系在我们建诗社之前，就有一些成名的诗人。比如说最有名的是上海的诗人赵丽宏，我们一进入大学的时候，在我们宿舍楼下大厅的墙上，就可以看到贴了他的大量诗歌，还有我们上课的文史楼，也贴有他大量的诗歌。但是夏雨诗社的建立，对华东师大中文系、华东师大的文学爱好者来说，是非常重要的一件事。

在这个诗歌旗帜底下，大家聚集起来。当时大家都很稚嫩，也充满了文学的热情，充满着青春的向往。其实我们聚集在一块，有谁跟你讲诗歌吗？谁知道你的诗歌吗？谁很细致地批改过你的诗歌吗？都没有，我们更多的是相互看看彼此写的诗歌，然后参加一些诗歌朗诵会，相互推荐一些诗，包括推荐一些新翻译过来的国外的经典诗歌。好像每一个人都有一些自己最喜欢的诗，然后我们就聚在一块分享。

慢慢地，在这样的一个诗歌团体里，有一些同学我会交往得比较多，我们成为真正意义上的诗友。诗友之间，即使感情最为亲密，也存在着一种友好的竞争状态。诗歌是不会骗人的，谁写的好，谁写的不好，一出手就知道。有一些人在诗歌团队里更有声望，就脱颖而出了。

其实，那个时候我们不明白，从今天来看，它正好是最好的大学时代（一九四九年以后），也是最好的文学时代，最好的诗歌时代，最充满着诗歌激情、创造力跟反叛精神的一个时代。华东师大的中文系，氛围更为宽松，我们当时的系主任甚至允许一些学生可以用文学作品来代替毕业论文，所以有些同学是很幸运的。他发表的文学作品最后成了毕业论文，不需要再写毕业论文。我们的系主任徐中玉先生，还有系里的几位泰斗，都是从民国走过来的文人、学者、教授，他们会用最大的文学热情去鼓励、影响、包容校园中的诗歌团体——虽然有时候诗人也会做一些很荒唐的事情，当然大部分诗人学业上（考试方面）是比较成问题的。

我的一个同学，现在在重庆，他原来是山东人，是低我一届的外语系的，因为痴迷诗歌，学业成绩非常糟糕，被学校劝退。大家听说他被劝退，就到学校教务处去，跟教务处处长说，他能不能"不听劝"啊（因为学校是要劝退，就去说能不能不听劝），最后还是被劝退了。有两位诗人，护送着这位非常悲痛的诗人回到山东，怕他路上出事，因为这实在是一件很悲惨的事。

现在大家还会经常说起这个事，"不听劝"的一个人啊！当然，大部分的诗人成绩都不是很好。但是那个时候，谁真的把成绩看得很重要、看得那么高大上呢？对于诗人来说，尤其看中的是自己能发表什么作品，有什么样的影响力，在同学之间有什么样的声誉。

我们夏雨诗社的首任社长是宋琳，也是现在比较著名的诗人。他大学毕业以后就留校了，听说他就是以文学作品代替论文的校友中的一个。他留校以后，首先是当辅导员，后来也教写作，实际上又成为夏雨诗社的指导老师。后来的一些同学，很多受到宋琳的非常深刻的影响。实际上，他才是他们真正的老师，甚至是精神之父。宋琳的宿舍里，南来北往的诗人很多，各种各样的学生也愿意聚集在他那里。也就是说，这样的一个诗人导师，他对诗歌、对诗歌的创作、对诗歌活动，是有着一种巨大的影响力的。

我每次去上海都会去他宿舍。有一次比较有意思的是，他当时的女朋友从他的床铺底下找出了二十几只袜子，都是单的，还有二十几只到哪里去了呢？这是一个"疑案"。当时还有一个诗人叫张小波。他是一个非常离经叛道、充满活力、充满诗歌激情的人。当然，后来就是因为这样的激情，又惹上了麻烦，有牢狱之灾。在八十年代的华东师大以夏雨诗社为中心的诗歌团体，其实聚集了很多对文学充满热情的青年学子，包括教师。但我要着重说的是，这些学子实际上不仅是对诗歌有一种春天般的喜爱的感觉，其实对散文、戏剧、电影研究，还有文论、长短篇小说……对整个文学的范畴，都是非常喜爱的、印象非常深刻的。这块园地不仅培养诗人，实际上还培养了很多从事其他文体写作的文学家。一九八九年以后，文学进入了衰萎期。尤其是一九九二年以后，著名诗人张小波不在学校了，宋琳也到法国去了，整个大学很凋敝，到了九四、九五年的时候，夏雨诗社也解散了。

这个团体解散之后，又过了将近二十年的时间，直到前几年才复活。其实在这二十年的时间里，这里基本上没有出过多少个诗人，没有出过几个自生自长的诗人。也就是说，诗歌是需要之前的一种氛围来相互刺激、相互影响、相互竞争的，诗歌是需要有发表的园地的，诗歌也需要（关键的时候）有重要的影响者来影响它的。这个诗社解散之后，所有的一切也跟着消失了——不但没有出比较好的诗人，后来小说家好像也没有了，包括写文艺评论写得精彩的人也没有了，整个文学氛围都消失了。

你可能会认为，这是当时中国的整体氛围，这也没错。但是，如果这个诗社一直延续下来，这种创作仍然像暗火一样，没有被彻底地扑灭，它肯定是有意义的。所以一件事情，当它在的时候，它就有在的意义。哪怕这一意义微小，但它仍然活着。一旦死了，哪怕死得轰轰烈烈，它的香火就很难续上了。

从我们学校来说（任何一所学校），这种文学社团，包括其他的学术社团，很重要的一点，就是首先要让它活着，努力让它活着，哪怕觉得水平不高，哪怕有时候组织比较涣散，但都不要轻易使它死掉。因为它一旦死掉，所产生的精神衰萎感是非常可怕的。再让它重新生长，就变得极其困难了。现在我回头看华东师大中文系，看华东师大夏雨诗社，看华东师大的诗歌创作……有种心有戚戚焉的感觉啊！

今天所讲的这个话题，也就是鼓舞我们优培的所有同学，你们都可以在自己的学校、在自己的社区、在自己所在的地方，去组建自己的读写团队，也可以把我们优培的精神带到这些团队中去。如果我们学校有这些团队，我们不要抱怨这些团队有这样那样的问题，包括水平不高等，我们得有一种意识，强烈的意识——让它活着，让它活得更好一点，让它活得更茂盛一点。当然，我们要从中发挥我们应有的一种作用，扩大影响力。中国的变革，还真是需要这样的星星之火慢慢燎原起来。

一根增加的稻草，会有多大力量？

昨天到橘园洲书院正好见到福建师大的一位教授，跟我谈起前不久福州的一位高三学生自杀的问题。这位学生，家境十分贫寒，一家人住在危房里，生计很困难。这孩子初中是在一所比较一般的学校上的，经过艰难的努力考入福州这所名校。但到了高中以后，她就算再勤奋都是名列榜尾，而家庭把所有的希望寄托在这个孩子身上。最后，孩子因绝望轻生了。

看到消息的人都很难过，大家都把鞭子打在应试教育上，打在高考的压力上。

客观来说，孩子的死亡跟贫困也有很大的关系。在这种贫困的家庭里，孩子如果要想有所作为，就要通过考试，实现家庭的升迁。这实际上是件极其艰险、又让人压力巨大的事情。

再来说教育问题。就像大家最近一直在讨论某地的以培养高分学生为目标的教育模式，实际上这种教育模式首先是一个违法的行为，它在全省各地放任的招生方式，本身就是一种野蛮人对教育资源的非法掠夺。这背后，简单地说，就是钱理群先生早就指出的：现在教育已经不是观念之争，而是利益之争。

但我要说的是另外一个问题，就是基于政绩或者其他利益上的排名问题。在 F 省的 F 市——我一直强调这里的文化，跟温泉有很大的关系。我们这里的人洗温泉已经洗了 1700 年了，这里比较少有战事扰乱，所以人们安贫乐道，对财富、权力、社会地位，相对有更达观的一种看法。就像我们经常说的，比较低调。同时，它的文化又表现出某种不轻易惊扰他人、不轻易对他人构成权势压力这样的一种特征。

而且，从教育的角度来说，这种文化里一直有一种"用脚投票"的传统，也就是大量的孩子、大量的家庭会选择向海外移民，走"全球择校，全球就业"这条路。但是，从去年到今年，学生中因压力而出现问题的人数几乎可以用"剧增"这个词来形容。原来多年都没有出现的情况，现在一下子发生了突变式的剧增。在这种突变的情形下，我们需要思考另外一个问题。

从前年开始，全国决定要使用统一的试卷进行高考，实际上压力就是从前年的高三学生那里开始的。使用全国试卷（原来是省内自我评价的，现在变成 A 卷有 A 卷的评价系统，B 卷有 B 卷的评价系统）之后，从最后试卷的分数看来，情况是非常不好的，就是被录取的学生，考得分数低。但是我们要有更深入的分析。其实，教育界的人都很清楚，近二十几年来，F 省高等教育有一个重要的变化：高考招生人数，一本的数量大量增加，包括全国高校在 F 省的一本招生份额也是按人口比例有所增加的。F 省是一个只有三千四百万左右人口的省份，基于这样一个人口数量 F 省在录取率上是占有优势的，所以更容易出现被录取考生的分数很低的现象。但是从高考制度来说，录取分数排名是不考虑其他因素的，F 省的排名是很难看的。"很难看"会直接影响各种社会评价、体制评价——最重要的是影响政绩评价。这样的情况下，一些人必然会认为这样的教育是落后的，是需要变革的，这就造成了某种吊诡的现象。实际上，F 省的基础教育、高等教育，包括 F 省的高考，一直有着良好的口碑。采取一些措施提高高考成绩，是理直气壮、政治正确的，但如果不对实质性的问题加以细致分析的话，这样的"政治正确"有时候是会给学校和学生带来压力的。

从去年开始，学校各种的排名更加日常化了，各种的排名不断被公之于众。当然，我不是说是这种变革直接导致这样的结果（这种变革值得分析），但是我接触的教师是很多的，接触的校长也是很多的，从他们的反响来看，我还是对此感到深深的忧虑。

实际上，任何一种排名都会导致极度的焦虑。这种极度的焦虑，对学校、教师来说，也是会被动感染的，教育的一些不乐观的局面就是这么直接的、由各种能量转换来的，由一档提到二档，由二档提到三档，在它笼罩下师生在焦虑中越来越感觉不到职业幸福感、学习成长的快乐。这种焦虑积攒到达一定程度，不免使身在其中的人出现一些问题。最让我担心的是，这些人群中一大部分是我们的孩子，而成长环境的改变，使得这些孩子生命的"承重"能力非常脆弱，面对焦虑，他们不出问题的可能性有多大呢？我不敢想象。

更多的思想交融， 更多的发展方式

前几天我在北京参加 2017 年 Life 教育创新年会，年会的主题是"学无边界"，这个项目的年会两年一次。来的人，有几个特点：一是跨界；二是互联网；三是全球化。

来参会的人是最有意思的。各种各样的人，每个人都好玩，都很热情。不管是大家心目中所谓的大咖，还是参会的普通人，大家都乐于交换微信。今天，我跟一位留美的博士交换微信的时候，他的微信圈人员已满了，他赶忙拿出另一个手机加我，他显然是一个"好友"收集者。

我刚才说的这位先生，他不是讲演嘉宾，是演讲讨论时的参与者，跟我交谈的时候说：下一次我要成为演讲的嘉宾，因为我暂时还没有具体的项目。也就是说，如果你没有项目，你是没有办法参与到这里面来的。所以，其实每一个参与者，都是带着项目的。就是你的理念要落地，要在实践过程中引人瞩目，或者有出人意料的某些表现。从另外一个方面来看，所有的参与者又都是行动者，不是一般意义上的布道者。另外，大家都有非常强的意识，即他的思想、你的创意与具体生活的联结，还有人与人之间的联结。所以我感觉这个会场实际上是一个联结者的空间。

我也见到了很多我原来知道、了解，甚至微信上有交往但从未谋面的朋友。我感觉整个峰会，既是思想的盛宴，也是一个创新项目的鉴赏会。同时，它又像是朋友之间的聚会。当然，这个"朋友"并非指生活中的朋友，而是事业的朋友，大家各自都有自己的行动，自己的建树，而后聚在一起进行分享。

这次活动的一个主讲嘉宾，是阿里教育研究院的高级顾问梁春晓先生。他的主题发言，给了我很多的启迪。他说，教育不属于思想的试验田，教育创新是有边界，而且是有风险的，所以教育天然具有一些保守的倾向。最重要的是，任何的教育创新实验、尝试，都不能把人作为手段、把人作为试验品、把人作为工具。春晓先生谈的一个观点，跟我们生命化教育的核心理念有相通的地方。他说，我们"大破大立""先破后立""破了之后立在其中"，是中国传统文化，特别是一九四九年以后的体制文化所倡导的一种"大无畏"的精神，很多的行为带有很强的浪漫主义。这个浪漫主义，其实应该叫革命浪漫主义，是有很多破坏性和风险性的。

春晓先生强调，应该是"先立后破"，或者说，"立"了，它本身旧的东西就会瓦解，就会崩溃，就会调整，他更多的是从科技的角度来思考这个问题。"科技改变世界"，实际上做的都是"先立"，更多的思考点是在"立"上面，更多的行动在"立"上面，更多的对社会的改变也是在"立"之中改变的。一方面，其实从文化角度来说，它是有保守主义倾向的；从对社会思考来说，它有一种类似于"存在的革命"这样的东西。就是在现有的框架底下，通过科技、互联网、生活方式、行为方式的改变，它对这个世界形态方面的改变已经出现了。当然，我们可以看到，对今天的中国人而言，阿里集团与腾讯，成了我们生活中最重大的两种变革的案例。

我参加这个活动，见到了这么多人，还有一个很深的印象，就是大家对体制的态度，不像公立学校里的老师那么嫉恶如仇（有时是深仇大恨，有时是义愤填膺，有时是饥寒交迫、哀嚎连连），大家比较少去细致地描述体制内的生存状况，对体制文化（包括教育文化、教育管理）有更多的描述，我可以把它叫作生命叙述吧，有数据，有概述，有深刻的反思，有批判性的思考背景……但恰恰是因为他们跳出了体制，他们在另外一个地方——就是"教育在别处""生活也在别处"，于是，他们会更强调创见，更强调世界的眼光和未来的眼光。有时候，有了另外一种生活以后，我们可能真的就没有那么痛苦了。包括我主持的很多活动，也有一些体制内的成员参与，当然他们最重要的身份也是一个变革者，都是在变革中发现了教育的另一种生机，教育的另一种可能性，包括不少校长和老师，都达到了一个更从容的工作和思考的状态。

我跟21世纪教育研究院院长杨东平先生也做了交流，他说他是看了材料后才知道"教育行走"原来是我发起的，他说没想到这么有活力，这么有号召力。另外，他也跟我说，有时候他要给体制内的老师讲课，他感到有点为难。他说，毕竟对体制内中小学教师的生活不是很了解，也发现变革的困难是非常大的。这样的一个峰会，也有很多体制内学校的校长和教师来参与，实际上它还是呈现了教育多样化的可能性，还是呈现了自由思想交流的一种魅力。是不是可以说，多元的、跨界的、多种角色共同致力的变革实际上已经产生自己的影响力？

以何种姿态， 对抗教育焦虑?

　　这次参加教育峰会，我的讲演安排在下午最后出场。实际上我在候场的过程中已经累得不行。我相信，所有听讲座的人也是精疲力竭。所以，我自己也觉得讲得不自如、不畅达，没有达到所期待的一种状态。

　　我是经常遭受在活动中被排到最后一个讲演这种折磨的人，但是，如果是在一个环境比较透亮的，大家目光交流比较自如的环境里，情况会好很多。我的这次讲课，是在一个开放的剧场，灯光比较昏暗，PPT 是遥控的（调控器本身有点问题），这是一个客观原因。主观的原因就是，主办方要我讲"教师'抱团'行走，教师自学习"这个主题，我把它想复杂了一点。如果讲得更简单一些，就针对我们"教育行走"这个活动来讲，可能会更自如。所以，对于白天的讲演，我是有点不满意的。

　　晚上七点，活动方安排我参加一个关于家庭教育的沙龙，时间是从七点到九点多。主持沙龙的是蔡朝阳老师，跟我对谈的是儿童教育专家粲然，她是我们福建厦门的，也是作家。

　　没有想到，这天晚上我们的家庭教育会场吸引了特别多的人，两个多小时里，大家始终精神都极为饱满。第二天有位老师还跟我说，昨天参加这个沙龙活动，收获很多，觉得特别开心，而且自己某些精神的治疗也在沙龙里有了一种新的开始。这位老师让我惊讶的是她一直在进行心理咨询，55 场的心理咨询，让自己慢慢走出一些童年成长、包括婚姻方面的阴影。她的孩子现在上小学了，她也开始给孩子做这样的心理咨询。

我们经常会把心理咨询看成是"你有严重的心理疾病，你才需要心理咨询"，其实，可以把心理咨询看成是一次足按，或是一次做面膜……姑且让我打个不恰当的比方吧。实际上这是一个常态的心理治疗方式，或者说一种心理抚慰的方式。在西方国家，很多特别有名的心理学家、教育家，也会经常做心理咨询。比如英国精神分析学大师温尼科特，他就经常会让他的同行为自己做心理诊断、精神分析。

回到刚才所讲的那场沙龙，在那里，我谈了对教育焦虑的一个思考。教育焦虑，从某种意义上说，它是一个时代病，是一个时代的文化焦虑，也是这个时代的某种"设计"。从管控、经营，从体制的某一些逻辑来说，让人们保持焦虑是有多方面的功效的。新一代的父母，一方面对孩子倾注了更多的精力，怀抱更多的希望。但是，另一方面，新一代的父母的行为方式上有完美主义倾向。从内心来说，这跟他的精神匮乏、不安全感，各种精神与肉体的饥饿以及沾染这个时代的负面情绪有关，在对待孩子、对待孩子成长、对待孩子职业方面，都呈现出这些问题。

其实我们这个时代，从发展的角度来说，它会不可避免地让更多人变得普通、平庸与喜爱享乐。也就是说，随着科技全球化、互联网全球化这些要素的发展，社会对真正创造型人才的需要会越来越强烈，但数量会越来越少。这实际上跟互联网传播、技术变革等的发展是有很大关系的。

依据现在对行业的预测来说，医生也会失业，因为大数据就可以帮你做很多的诊断，也可以配药，可以按照非常严格的程序进行治疗，未来这样的治疗方式，会变得常态化。从物质文明来说，我们会创造一个共享的世界。

共享世界的一个很重要的特征就是，对大多数人来说，我们真的不需要都具备那么多的知识、那么多技能、那么多的"苦学徒"生涯。简单来说，我们原来使用手机的时候，都需要有复杂的说明书，但是现在的手机帮助我们实现"傻瓜式"的进入与使用。这个世界，实际上整体的设计都是这样的——越来越"傻瓜化"，越来越注重共享，越来越注重"傻瓜式"的低门槛所带来的特别便捷的、舒适的、愉悦的体验。

基于此，从教育的逻辑来说，我们就需要思考：到底在一个人的成长中，什么元素最重要？一个人的一生，什么样的价值观、生活理念以及社会意识对一个人是最要紧的呢？

这个时代在发生巨大的、快速的变化。但是，我们对孩子的学业、对其成长的焦虑还停留在前工业文明的时代，而且这种文化的焦虑是非常难以解除的。我们仍然按照对精英最苛刻的培养模式在培养我们的孩子，我们不仅希望孩子是一个天才，还希望他最好是一个通才、全才。我们对未来世界的预判力上也存在很大的问题。我们总以为通过学业进入所谓的顶尖大学，就找到了通向未来的幸福之路，但是真的是这样的吗？

今天，我们特别需要基于现实来思考：什么样的人生存得特别有活力、特别有生机、特别快乐、特别能够获得幸福感？我参加这样的教育峰会，有一种很直观的体验：来的人都特别好玩，都特别愿意跟别人做朋友，愿意分享自己的经验与思想，愿意进一步和他人有更多的信息与人生体会的交流。

如果要我做一个简单的概括的话，实际上很多领域的某些管理理念，是在某种程度上，愿意让你生活在深度焦虑之中的，它甚至会继续强化、推进、巩固所有的这一切焦虑。比如，一些课外培训机构，它会想办法从很多方面来加剧家长对孩子学业、未来的焦虑，以此增加效益。

从父母的角度来说，其实他们一直瞭望的未来已经来了，但是有时候，我们会拒绝必然到来的未来，仍然用自己原初的逻辑框架来操纵一切事情——看上去我们是一个个完美主义者，其实我们都是精神上有某种缺陷的人。我们在孩子的成长上，如果不能更加看重生命、健康、快乐、长寿、合作、变革能力、好奇心、想象力，不能改变对各种痛苦、焦虑的那种愚钝的反应模式、反应状态，还把这些看成是更有价值的育儿观念，那么我们整个时代的教育痛苦、生儿育女的痛苦，还会延续非常长的时间。我们都害怕孩子输掉未来，其实，在这样的焦虑和错误思维之下，孩子输掉未来几乎是一种普遍的状态。

民间立场，　野生的力量 |

　　今天早上六点多，我的一位大学同学从美国硅谷给我打电话。电话内容就是：他想在上海建一个教育研究院，可以得到美国教育资源的专家团队的支持。目的就是要研究中国教育，推进中国教育发展。当然，是以民间的立场、社会化的方式，从公益起步，也有公益机构提供项目支持。

　　谈到这个话题的时候，我们聊到一个有趣的观点：在未来的若干年（也可能是三十年），中国既不可能像我们想象的那样，变得更加理想；也不可能像有些人所预言的那样恶化。也就是说，这种常态的局面有可能会保持相当长的时间。同时，我们还有一个判断：实际上世界离不开中国，反过来，更需要强调的是，中国更离不开世界。中国对世界的依赖，中国与世界的关联，包括中国受世界的影响，特别是受美国的影响，要比我们想象的大得多。所谓的大得多，是指今天我们国家的这种格局里，在变得越来越理性的社会环境里，国家的决策、国家的发展动向要想变得越来越封闭，这也是几乎不可能的。除非有人不希望中国变得越来越好，除非有人只谋自己的利益，不把民族的利益、国家的利益，包括世界的利益作为最为重要的一种考量。

　　实际上，这样的一种思考本身就是一种建设性的东西，也恰恰是在这种建设性的前提下，我们希望有所作为，希望用一种民间的、渐进的方式，在可以开始的领域投入我们更多的精力。

早上六点多，其实我刚刚从睡梦中醒过来，我的同学就跟我如此开阔地想大问题，我一下子就清醒了。我有时在想：其实，我们今天不断地在做事（在做更多的事），很多的事情都是那些更忙碌的人才能完成的。有人说，重要的事情要找忙碌的人，忙碌的人要比闲散的人可靠多了。我的同学，大概看我也是非常忙碌，他也认为忙碌的人是可以信赖的——当然，也有人说，忙碌的人是可耻的。什么意思呢？他们认为忙碌的人，无法顾及形而上的问题？忙碌的人，很难思考生命的意义？忙碌的人，不懂得休闲？……都有可能。

当然，更重要的是，即使你在忙碌中可以思考形而上的问题，在今天的中国，也更需要把问题落地，更需要让你的所有的思考，在这个土地上生根发芽，教育尤其如此。

我们无论如何讨论，重要的一点都是：哪怕是一种微小的改变，比如，改变我们生活的品质，改变我们的谈吐，改变我们与人相处的方式；我们充满敌意的时候，能学会克制，能够学会协商，同时以更诚恳的态度与人探讨，即使是我们与人对峙的时候立场是明确的，态度也可以更为温和，方式可以更为婉转。这都是一种改变，这种改变，也是教育应该有的一种立场。

我同学今天跟我聊天的时候，还聊到一些体制内的学者。我们有时候不能简单地把学者分为体制内的与体制外的，但是确实有更多的体制内学者，他们思考的、研究的、关注的、全情投入的，有他自己的一个逻辑系统，有他自己的一种功利系统。

新兴的思想、创造性的念头，包括对土地的热情，几乎可以说，它是需要生存于某种野生状态中的。野生就是活力，野生就是物竞天择，优胜劣汰。它本身是在一个更开阔的土壤与更为复杂的环境里生长的，它要么死去，要么活下来。如果能活下来的，一定是它汲取了足够的土地的力量，一定能开出奇异之花。它一定不是听命令的，一定不是直冲奖赏而去的。

如果要归纳的话，我同学的思考是能引起我共鸣的，恰恰是这么多年来，我一直努力地使自己边缘化，努力地使自己更像一株野生的植物，努力地发出原来很锐利、现在变得很温和，但总是保持着自己音调的声音。

教育讨论，应该让一些沉默者发声

最近某地有个教育局长的讲座，在微信圈里被刷屏了。这位教育局长非常明确、又高度认同地为应试教育大声辩护，不单是辩护，实际上是高声赞美。这样的赞美，引出很多反驳性的意见。我对此的基本评价是：这位教育局长说出了很多教育管理者，尤其是教育局长的心声。

高考，特别是高考的录取率，包括高考上重点大学（以前叫985、211，现在叫"双一流"大学）的录取比例，一直是地方政府对教育部门考核的一个重要指标。其实，也是社会对教育的评价的主要依据。尽管，这里面情况是比较复杂的。

我们有时候从教育系统的角度来说，认为教育被社会所绑架，主要的责任在社会的舆论以及学生家长的心态——这些造成了很大的考试压力。但在学生家长看来，自己的孩子是被学校、高考制度所绑架。也就是，学校有学校的检测指标，就是把学生捆绑在应试教育的战车上，呼啸而去。就这些评价来看，社会与学校、与教育管理部门，既有诉求一致的地方，又有一种潜在的对峙与紧张关系。

在我看来，可能从深层次来说，还是教育没有自己的独立一格。学校没有自己办学的独立性、自主权，对教育的评价，最主要的评价（"一票否决"）都是掌握在权力者手中。我前面也谈到过，只要教育评价稍微变化，对学校的办学以及学校整体生态都会造成巨大的震荡与影响。实际上这些在这几十年里，大家看得也越来越清楚。

作为一个教育局长，作为一个教育行政的管理者，他实际上是比较直率地把大家普遍认同而又极为恐惧的"教育锦标主义"说出而已。包括前一阵子衡水中学到浙江办分校这件事情，实际上和他所讲的道理是一致的。大家对如何在应试教育环境里更好地生存，有极大的需求，这个需求，它本身就是一个硬通货，能很好地应对应试教育的模式，又是一个稀缺产品。比如，我说衡水中学，它实行的某些锦标主义模式会得到普遍的、相当多的认可。

对教育而言（今天的这种教育大的格局），我把应试教育看成威权政治的一部分。威权政治，就是它的评价是自上而下的，它的管控是无孔不入的。作为一个学生、一个教师，生命处于一种非常被动的状态——你很难听到沉默者的声音，无权者的声音。沉默者和无权者的声音，有的被学生家长所湮没，有的被社会舆论和管理者所湮没。所以，为应试教育辩护，甚至为应试教育高声赞美的声音便得以登堂入室，讲得理直气壮，这其实已经是我们当下教育中存在的一种普遍状态。

我这十几年来，一直谈到教育变革。教育变革，最核心的因素不是学校变革，甚至不是教育系统内部变革，而是一个大的社会体制变革。有时候，我们可以换一种方式来说，变革没开始的时候，我们对变革的可能性、对变革的后果其实是没办法预计的，所以一谈到变革，应试教育的改变阶层固化、提升底层学生的升学率、应试教育是社会普遍的需求等声音就会不断地被释放出来。所以，对钱理群先生的一句话，我是很认同的：今天教育最核心的东西，不是观念之争，而是利益之争。说到核心的利益，维护应试教育说到高处去，是跟社会的维稳、跟社会今天的政治生态、跟社会复杂的管控系统是一致的。某种意义上说，就是不管你怎么说，它所行的是非常一致的东西。

昨天，我还转了一篇美国华人报刊的文章（昨天是五月四日，是美国国家精神健康日），华人学者、华人媒体，包括华人社会各种成员聚集在一起讨论亚裔学生在美国自杀率逐年攀升这一情况。实际上，亚裔尤其是指以中国大陆、台湾、香港、韩国、日本为代表的这些东亚文化圈的国家和地区，一方面，这些学生在美国高校录取率比较高（美国常青藤学校录取率非常高），另一方面，这些学生在美的自杀率也在逐年攀升，社会应该做一个检讨。做检讨最核心的原因是：在亚裔文化里，会把所有注意力放在学业上，而学生的身心需求、社会认同需求，包括生命的平衡感，则被严重打破，被扭曲。据说有一个孩子是哈佛的高才生，但在大学二年级时自杀了。自杀后，人们通过他的日记、留下的资讯，对他的生前情况做了一些还原，发现这个孩子长期受抑郁症的折磨，就是慢性精神疾病的折磨。抑郁症困扰他多年，最后使他崩溃。原来是一个大家眼中前途无量的人物，现在成了大家呼吁"千万不要重走这条悲剧之路"的一个典型案例。

其实，在我们今天所谓的优质学校，包括小学、初中、高中以及大学，也面临着青少年自杀率不断攀升这一真实的困境，但是沉默者的声音是没办法充分表达的，社会对这类问题，从某种程度上说是采取了回避的方式，我们是很难进行公开讨论的。所以剩下的声音，是权力者的声音。我觉得社会各界对应试教育的各种讨论，仍然有必要，但是讨论中最重要的成员——教师的声音，包括学生的声音，我们听到的太少。我们还没办法公开地用理性，用直截了当的方式加以辩论，就是还不可能建立一个"众声喧哗"的讨论平台。

所以，教育中的悲剧，其实仍然会不断地重演。

坚持做好一件小事背后的信念

我们在四川绵阳举行的"生命化教育大问题教学"研讨会今天已经结束了，有部分成员已经开始离会了，我今天也会回到福州。

这次活动，有十六个省区的老师到会。比如黑龙江一个农场学校的老师，他们来绵阳可真是太辛苦了，坐车坐了五十几个小时。就是在今天中国交通已经很便利的情况下，他们还是这么颇费周折地到达现场。还有不少老师坐了三四十个小时的车……

老师们从大东北、从内蒙古来到绵阳，真的是路途艰辛。但我见到他们的时候，他们还是挺开心的。当然，他们也觉得参加这样的研讨活动特别有收获，见到了他们认为特别想见的人，听到了期待已久的课。我们的活动还希望：不管你从哪里来，请带着一本书来参加研讨活动，也就是我们一直倡导的用读写的方式提升自己的素养。

我们的活动说是两天，其实活动前一天我就到学校听课，参加评议，加起来其实也就三天了。从开场我的主持到最后的我的讲座，我始终都在会场。中午也没休息，就在会场里坐一会儿。其实，这个过程是非常辛劳的。当然，我的讲课往往都是安排在最后。不是我有信心压轴，而是总需要有一个人断后吧？这断后，有时候滋味也不是很好。因为到了最后半天，总是陆陆续续会有人先行离场。而且到最后，大家精气神普遍不足，所以有时在这样的氛围里讲课，确实是特别耗费心神。

另一方面，出差住在酒店，不单是睡眠会有问题，酒店本身就是让人感到孤独的地方。它的格局，就是一种孤独者的格局；气味，也是一种寂寞的气味。这些天，从酒店电梯上来，进入走廊，就能闻到酒店的气息，那是一种很孤单的气息。酒店，也是充满风险的地方。我说的风险，主要是指精神方面，它会加深你的一种寂寞感，加深你的某种消极情绪。所以，经常前面有任务驱动，你需要调起全部的气力，去主持去参与去表达，到了后面活动结束，人就特别的落寞、衰败，还会产生某种虚无感，就是你对做这件事情的意义到底在哪里会有所怀疑。这其实是人生命的一种常态。

人休息不好，本身就会产生某种沮丧、颓废的状况。当然，你做的事情，一方面，你认定它是有意义的；同时，又认识到这种意义是微小的。意义，也许转眼之间就消失于无，这是一种生命的常态。这就像行走一样，你走过了，风景就消失了。可能风景会留在你的生命里，但另一方面，走着走着，就像阿甘一样突然有一天不跑了，没有什么理由，就是不想跑了。这也很正常。

包括和我开始一起同路的人，慢慢的，有的退出，有的仍在坚持。一件事情，你耐心去做，持续去做，坚持下来，殊为不易。成都《时代教育》主编听说生命化教育已经行走了 15 年，也很感叹。没有得到政府行政方面的更多支持，事实上也不期望有更多支持的课题，你不能简单说"生存不易"，因为这是你自己选择的。

所以我经常说，这就是咎由自取，功过自承，这就是你的生活方式，是你生命的一部分。你随时可以退出，你也可以坚持，也可以坚守。我对凡是做一件小事，得到的支持不多，但是还能长期地挺住、能够守持，不断有所发展，无论是研究，还是具体的教育实践，包括写作等，都心怀敬意。当然，其中也有同道之间的休戚与共的相互的精神援助。比如说，我会想起王丽琴老师在做什么，会想到一刀在做什么，会想到我其他的朋友在做什么。前几天，我谈到工匠精神，"工匠精神"里特别重要的当然是坚守了，就是把一件事情（一件小事）做出格局，做成自己人生的大事，那也极其美妙的。

今天，绵阳下了一些小雨，看出去灰蒙蒙的，不是雾霾，是雨气，空气很好。我前面说过，绵阳确实是一个比较安逸的城市，这个安逸，其实跟这里人的心态有很大关系，这里的人更能随遇而安，更能及时享乐，更有生命的那种即兴性。其实生命的即时性也很有意思，就是能够被调动起来，投入其中，能够自得其乐，这就是即兴。也就是说，并没有那么的程序化的规定，没有那么多的按部就班，生命随时能够被调动起来。也就是，生命本身就有一种活性，我也希望自己能够有这样的活性，同时，能够一直保持下去，活在其中，乐在其中。

抱团行走，教师自组织的活力

　　说到"教育行走"教师研修公益夏令营，其实要从 2000 年以后，我做的其他几件事情说起：2002 年开始，我就在全国各地很多学校开展了生命化教育的课题实验，至今已经 15 年；2007 年，我在福州创建了"1+1"读书俱乐部，现在也有十年了；同样也是在 2007 年（下半年），我和朋友共同创建了"1+1"教育社区；紧接着，在"1+1"教育社区的基础上，我们创建了"1+1"教师写作优培计划；2013 年，我跟几位朋友共同创建了"勇气更新——教师研修夏令营"，这个项目也做了三届了；2015 年上半年，由于种种机缘，我想创建一个新的关于教师研修的公益夏令营，先是厦门一所学校想作为主办机构，然后是我的好朋友——四川绵阳的谢云（江湖一刀）知道了这件事情，就跟我提出：第一届活动希望在绵阳举办，后来确定是在绵阳举办，一刀也跟我一起成为"教育行走"的发起人。

　　我们这些教育研究、教育研修、教育共写共读组织，都是公益性的——就是好东西都是免费的。当然，会有一些朋友问：经费从哪里来呢？呵呵，我经常说的一句话就是：只要你走正道，总是会有贵人相助的。

　　我们这些研究项目有几个共同特点：

　　1. 都属于自我命名、自我"立法"的。也就是没有主管单位，没有授权，我们是自我授权，经费自筹，参与者自愿。

2. 这些项目从来没有申报过任何的课题，没有参与过任何的评奖，纯粹民间，自生自灭，咎由自取，功过自承。我活到今天这个年龄，发现自己其实是非常离经叛道的人，只是伪装得比较含蓄，不见锋芒。

3. 这些项目都产生了一定的积极反响。当然，因为它是草根的、民间的，像钱理群先生所说的那样：一下子就把根扎到了中国教育最需要的地方。当然，也是中国教育的边缘地带，管控比较薄弱的区域，所以它本质上也是野生的，充满活力与生机的。

教育行走的主题就是"行走拓宽视界，读写重建心灵"。两届教育行走研修活动大概有近千名的教师参与。他们来自二十多个省区，大多数是县城和乡村的教师，主要都是自费参与的。第一届是在四川的绵阳，第二届在湖北的武穴。应该说交通都不是非常的便利，有不少的教师是辗转多日才能到达。特别是第二届在武穴，正好碰上湖北发洪水，大家开始都很忧虑。好在活动开始前，雨停了，洪水也开始消退。在大家要到达的那两天时间里，我们为教育行走建的微信群充满了各种亲切的问候与鼓励，同时，大家都在不断报告自己的行程。有些老师从来没有离开过自己的家乡，离家之路充满了忐忑，家人还觉得充满了某种危险。也许教育行走的意义就在这里，天涯海角的老师们聚集在一起，不仅是要分享教育新理念与新方法，更重要的就是眼界、境界与信念的一种碰撞与交流。

教育行走所有的讲课专家，也都是以志愿者的方式参与了这个活动。他们之中既有来自美国的教授，也有来自德国的中学教师，还有全国各地不同领域的专家，也都是情感丰富，有思想好玩的人，他们讲课时全情投入忘乎所以，他们的讲课本身就是一种生命最精彩的展现方式。会场上无论听课、讲课还是对话，大家都是激情满满，完全被美妙的事物裹挟其中，我们都被自己感动了，我们彼此相互感动，不断地感知着生命的美好与教育的美好，并由此再出发，成为更积极的建设者。

我在 2013 年提出的"教师的微革命"15 条，大概最能体现"教育行走"的宗旨。

1. 一定要关注时局，议论时事。

2. 一定要尽你所知说出历史事实。

3. 对任何有新见解，可能说出真相的文本，都尽量通过个人网络平台加以传播。

4. 努力说真话，无法做到时也尽量不说假话，少说假话。

5. 尽自己所能至少参与一项旨在助推社会进步、改善民生与教育的公益活动。

6. 坚持每天阅读，并与亲友分享阅读心得。

7. 回家吃饭，休息时间和家人在一起。

8. 多喝水，多走路，不抽烟，少喝酒。

9. 认识 100 位以上非本地的朋友。

10. 走访 30 所以上非本地的学校。

11. 一定要走出国门，看看外面的世界。

12. 坚持每天至少写 200 字。

13. 至少结交一位对自己精神成长有帮助的人。

14. 坚持自己的爱好。

15. 对新事物新知识始终保持好奇心 。

所谓"教师的微革命"，其实可以看作是一种存在的革命。我们强调的更重要的是生活方式的改变，思考方式的改变，表达方式与交流方式的改变。其实在这些改变下，就有某一种新的事物，新的精神特质，新的文化行为方式开始产生了。这种新的精神形态的产生，将有助于提升教师对自己职业的认同感。从能够改变的地方开始，从最小的地方开始，从我们最贴近的生活开始，想大问题，做小事情，一直是我们的行动方式。

教师之间的思想与生命经验的交流比什么都重要。聚集在一起，我们需要有若干天的时间，进行非常充分细致与多方位的思想与生命经验的交流。第二，精选同路人，才能走得更远，这是我们对参加公益研修老师们最基本的要求。参与这个项目必须写自己的个人自传，必须参与到公益研修中来，之后更重要的是要成为这个项目的同路人，去影响更多的教师，参与到自身与教育变革的行动中来。第三，让自由思想先在低处飞翔，视野开阔了，目标明确了，就有可能成为浩瀚的大鸟，成为某种风气，某种时代的背景。

今天教师的生命自觉与职业自觉，渐成星火之势。教师自组织也是一种微革命，不仅要提升专业素养更要寻找自己的精神组织，真正的变革已经蕴含其中，自主选择即是一种新的职业认同。

后记: 教育学才是真正的人学

"教育学才是真正的人学"这个话题。应该说,这个话题是我在研究的过程中慢慢形成的,当这个命题出现后,我才知道,原来我所有的研究都是朝向这个命题的。

一

我很早就知道有一个很重要的命题叫"文学就是人学",这个命题最初是高尔基提出来的,后来,华东师大的钱谷融老先生在二十世纪五十年代写了一篇文章叫《论'文学是人学'》。我在上大学的时候读过这个文章,但没有从这个命题跳转到"教育学是人学"这个话题上来。三十多年后,有一天,我突然顿悟,可能教育学才是真正的人学,想到这一点时,我有一种豁然开朗的感觉。

教育是中国当代社会最核心的主题,所有人都会谈论教育,都会谈论自己孩子的成长,都会谈论教育复杂的社会问题。但是怎么来把握?比如教育到底哪里出了问题?教育要寻找什么样的道路?教育要重建,重建的方向在哪里?我感觉,站在"教育学是真正的人学"这个高度来思考,也许会廓清很多迷象。

"教育学是人学"，首先指的是教育要研究的学问是针对全人的——无论哪种类型的人，无论哪种社会身份的人，无论哪种智力状况、健康状况、年龄状况、种族状况、文化状况、意识形态状况的人。所有的人都是教育学研究的对象，没有人能够例外。如果说教育学有它的愿景，我们要对这个愿景做判断，它真的是为人类服务的，还是剥夺人的？是为了成全人的，还是为了伤害人的？这是一个非常重要的标准。在教育的场域里，有没有人是被遗忘的、被边缘化的？有没有人是拥有特权的？如果按照这个标准来思考、实践教育，你就会生出一种自然的判断力。

第二，教育研究应该是全生态的。有时候，当我们谈论学校教育低效、失败的时候，你就不能仅仅把责任归结于学校，因为所有的失败都有复杂的因素。反过来说，所有的成功也都有复杂的理由。我们应当把学校放置于一个更开阔的社会背景里去理解。办好一所学校不单是校长的责任，更不仅仅是老师的责任，整个社会所有的变革是一体性的，社会的环境构成了学校发展非常重要的背景。我经常会感慨，在今天办好一所学校太难了。今天很多老师除了做教学这个本分工作外，往往还做了好几份的工。教师的辛劳是在学校之外的人有时候很难理解的，但是你到学校去看看就知道为什么老师这么辛苦了，这跟社会发展的环境有关系。从这个意义上，对所谓的好学校，不管它怎么宣传，我们不能简单地相信它好到什么程度，因为这是跟社会具体的发展环境、发展条件相适应的。比如，今天社会上不能谈论的问题你不能指望在学校可以谈，很多话题你不能指望老师可以跟学生分享，这是社会一体性而构成的环境，这也是我要说的"教育研究应该是全生态的"，研究者需要有一种全生态的视角，才有可能触及问题的内核。

第三，教育学研究的是生命的全过程——是从出生到死亡的全程性的教育。有时候教育看上去这个阶段是成功的，或者说这个阶段是有效的，被很多人肯定，但是，放到生命长度里去看，就会发现可能会有问题。我们今天的教育评价基本上都是即时的、当下的评价，通过读取数据得出的评价。但是，放在历史的角度下，是不是真的就是这样呢？今天的有益会不会成为后天的有害？非常值得思考。教育更重要的是历史的评价，而不是当下的评价。一所好的学校需要经得起历史的评价，而不是每次考试都得第一名。一个人要经历从生到死的漫长过程，教育也是一个漫长的过程。教育是不是真的走在正道上，这一点非常重要：从历史的角度来看，人类几千年的文明已经找一些规律性的、普遍性的原则，没有一个国家在培养人的大的理念上有它的特色。文化有特色，价值观没有特色，教育有差异，但是教育的本质目标是没有差异的。

第四，教育学应该是全生命的学问。所谓的全生命，是指教育活动中所有的一切都会影响到人的一生，影响到生命的每一个部分。从智能智慧来说，有八种甚至十种的智能，其实都跟生命的内在性关联在一起。所有生命的肉体本身都会影响到你会走什么路，你会抵达什么样的目标，你会以什么样的生命姿态去行进。作为教育者来说你就要研究这一切，研究生命最基本的特征。比如，有一些学生在课堂上喜欢打瞌睡，打瞌睡是违反课堂纪律的，所以，在中国，找不到一所允许孩子在课堂上打瞌睡且安然睡着的学校。老师会觉得，你在课堂上睡觉，目无纪律，目无老师，你完全没有人生的规划，没有奋斗的目标。但是，老师有没有反过来想想，孩子为什么困呢？困可能是受基因所决定的，这个点就是他该困的时间点。第二，困可能跟生活方式有关，跟孩子的休息状态有关。一个人不可能像金刚战士一样不吃不喝，这是生命的自然需要。对于很多低年级的孩子来讲，在教室里的每一个动作，都是需要花很长时间才能适应的，从这个维度来看，很多学校管理都需要做重新思考。我们的很多管理是为了管理，而不是为了人的发展服务的，这样的思维渗透到中国所有的领域，我们都是为了便于管理而不是为了有助于发展。

教育学是真正的人学，如果要描述，实际上是把人作为一个整体来加以思考，要把人的发展作为一个整体来加以关注。用这些维度你就可以对今天的社会、学校、老师形成最基本的判断，你就会知道哪里出了问题，一个好的老师一定是教育理念跟具体的教学方法结合得很完美、自然，适应学生的成长需求跟学习需求。凡是违背人道，违背人性，违背人的成长规律，这个教育一定是有麻烦的教育，这是我最基本的描述。

教育学是真正的人学，是指教育学应该以研究人为基本的出发点。因为，首先，人具有生物性。人作为一个生物，要出生，要成长，要死亡。所有的生物都是从出生朝向死亡的过程，所有的生物都要有一个最基本的保障，比如需要水，需要阳光，需要空气。弗洛伊德说，人的生物性是宿命。人一定是要死亡的，人的成长是需要条件的，这跟所有的生物都一样，人没有例外，所以违背人生物性的教育就有问题。从这个维度来说，生死教育恰恰是教育最大的命题。正是有这个生死的命题，人怎么活着变得有意义了。如果人不会死，教育有什么意义呢？不需要任何探讨，大家也不需要坐在这里分享新的知识。恰恰是人是必死的，变得非常有紧迫感，生与死之间有一个重大的张力——生命有没有意义，物种有没有意义，它的张力就在这。其次，人是肉体性的，所有的身体都是由肉体构成的，人的七情六欲很多是与生俱来的，自然而然呈现的，没有谁是例外的，所以你只能尊重它。

二

那么，对于家庭教育，最核心的东西是什么？

一谈到教育就是培养习惯。学校最重要的是什么？我们的第一反应可能是——养成习惯。养成习惯很重要，但是教育更重要的是"育"，然后才是"教"。"育"最核心的东西不是实物，而是身体。是身体的呵护、陪伴、安慰所构成的人成长的最根本的基石。这个东西做对了，他的肉体性一切需求都满足了（我的新书《奶蜜盐》，探讨的就是"一个人成长过程中，最重要的核心供养到底是什么"这一话题）。从这个意义上说，什么叫作贫困家庭？同样成长在物质匮乏的家庭，有的人说我童年很幸福，有的人说我童年极为痛苦。因为对任何一个幼儿而言，对物质的需求都不构成他精神上重大的影响力，你只要有能活下来这个物质的条件就够了，缺少母亲，这才是更可怕的贫困。

最后，我们必须回到人性来谈人的教育。人性到底是善还是恶呢？中国人一直在争论，我的观点是，人性就是向善的，要不然人类不会存在。按照人类学家威尔逊的观点，即使人类毁灭一遍，最后还是会选择更人性的方式来建构这个世界，因为这是人性本质的东西。人类为什么会发展，跟本质的推动力有关系，真善美是人类内在的对未来世界的一个态度；与此同时，所有人都有一种渴望，就是成为更好的自己，这是人类发展最大的推动力。所以教育如果不建立在对人性、对生命向上的内在推动力的支持上，这个教育就有问题。教育使人丧失信心，教育使人对未来绝望，教育使人再也没有自我发展的内驱力，这个教育就完了。今天我跟一个老师聊到现在农村初中的辍学率非常高，我说今天的辍学不是因为贫困，而是今天的农村学校摧毁了孩子对学习的渴望，摧毁了对学校学习的期待，摧毁了对未来更好的自己的期许。这样的教育就有问题了，有麻烦了。

三

归纳一下，教育学是真正的人学，其实说的就是，教育一定要以研究人为出发点，研究人的生物性、肉体性，研究人性。

这些年我都会跟老师朋友说，其实你要花更多的时间研究童年，研究儿童心理学，去大量阅读教科书之外的人文作品，这样你才能做一个更好的老师。你不要把那么多的精力都花在教学设计上，不要都花在反反复复地磨课上。你设计得再好，仍然受到巨大的限制，就是对人的复杂性、多样性、独特性，如果你缺少了解，你对生命就没有洞见力。没有这样的洞见力你怎么帮助孩子更好的发展呢？你怎么去尊重一个学业困难的学生呢？你怎么可能有信念看到这个孩子今天的落后构成他未来更好的发展呢？就像有一些天才看上去愚笨，愚笨是指他的生命没有得到充分的觉醒。因为人的觉醒是不同的，有的早慧，有的是精明的，有的是愚钝的。无论精明还是愚钝，你都不能用今天的考试标准对他做唯一的评价，当然更不能因此对他盖棺论定。

教育最终都是要回到人的发展上来，所以，我们生命化教育强调，教育要成全孩子的生命。"成全"是指孩子身上有的潜在的可能性都在教育中得到更好的发展——让孩子身上已经知道的优点，成为他的优势；让孩子身上不知道的潜能，成为他未来发展的方向，最后，每一个人都可以成为更好的人。我们用的是"成全"这个内在的词，不是"培养、塑造"这类外在的词。

《奶蜜盐》中的一个重要观点就是——

人的成长本质上都是自我成长，人最终的发展也是自我发展，而不是你用外力去塑造去实现的发展。就像一个鸡蛋，从里面打破是一种发展，从外面打破是一种破坏，其实每一个人的发展都像鸡蛋一样，都是从内部发展的。

　　所谓对人的成全，第一个成全就像今天我们所说的公民教育。公民教育的核心是对人权利的成全，而人的权利实际上是人性发展的自然。就是西方所说的天赋人权，天赋人权恰恰是指人发展的内在需要。比如对自由，对民主的生活，对宽松的环境，对更良好的社会制度，它恰恰是从人性里推出来的，而不是谁设计的制度。你只要让人有这样外在的环境，他自然而然就会推出这些制度。所以，从这个角度也可以说，人没有例外，没有一个国家可以称为特色，人类的大道一定是和而不同的。和是指普遍的东西是一致的，不同是指文化习俗这些方面有差异的东西。教育应该从根本的地方成全人，成全对人权利的尊重，对人尊严的尊重，对不同学习方式的尊重，对不同成长方向的尊重。甚至可以说学习既要肯定一个学生的想发展，也要尊重一个学生不想发展。我不想考好，行吗？从一个人的权利来说是行的，你要尊重他。当然你可能要开导他，问他为什么不想发展，从源头上帮助他、激励他，而不是简单地否定他的价值选择。

　　第二，成长一定是有规律的。按照奥古斯丁的说法，所有人的成长都是慢慢地快。前面很慢，后面越来越快，但是对所有人而言，奥秘都在慢里面。很多老师跟我说补课是有效果的，我也承认补课有效果，但是这个效果是立竿见影的效果，至于后续的效果是不是这样呢？这就不好讲了。你加班加点一定会减少睡眠，而人的睡眠是由什么来决定呢？人的睡眠是由基因来决定的，几岁的孩子要睡多久，觉醒的时间是什么时候，都是由基因决定的。美国哈佛大学的研究还发现人的精神创造力高值并不是早上八点、九点。现在有很多学校把考试时间改为下午，因为下午是高值，同样的试卷在下午考要比在上午考增加若干个百分点。德国的睡眠教育专家说，减少睡眠会导致心脑血管疾病，导致肥胖，也会损害基因，会导致记忆力衰退，学得越多越笨，这是事实，当然减少睡眠还会导致抑郁症，增加自杀人数等。对睡眠问题我在全国做过多次调查，中国孩子的可怜表现在我们的睡眠时间真的比世界各国的少，我们花在学业上的时间比人家多得多。所以中国跟别人比赛我们一定赢，因为人家读六个小时我们读十二个小时，当然赢啦。可是创造力呢？我们睡得那么少怎么会有创造力，睡够了才有创造力。

第三，成长是一生的事。成长并不止于小学、中学、大学，小学是差生，长大以后不一定是差生。我经常说，人要活得久一点，网络上有一句话是"人还是要有梦想的，万一实现了呢"，我还要加一句，"人还是要活得久一点，梦想实现的概率要高得多"。你不知道你的一生什么时候才是你的高峰值，也不知道你一生做的哪件事情最后对你这个人能够有最大的成就有影响。有一个朋友来咨询我，说孩子不想学习，我说他喜欢什么呢，他说他就喜欢汽车，以后看来只能去修车了。我说还要看他修什么车，如果修的是法拉利赛车，那就是世界顶尖的汽车科学家。

所以作为父母，眼界要放开，今天不学习的父母才叫可怕的父母，今天不跟孩子一起学习的父母才是不称职的父母。全球化的演化，市场化的价值态度，互联网的素养，有时候父母就不好说这些做得好了。这个时代不一样了，我总是会跟很多朋友说，不要认为只有应试教育那条路，现在有很多的路可走，应该全球择校、全球择业。更重要的是从发展一个人的角度来创造条件让他得到更好的发展。

教育学才是真正的人学，其实是整体的、全面的、全部的着眼于一个人，着眼于一个生命，着眼于人的肉体，着眼于人作为宇宙之子怎么成长，怎么帮助其成长，怎么去尊重，怎么去理解……

张文质

2017 年 7 月